"十四五"时期国家重点出版物出版专项规划项目
杰出人物的青少年时代〔文库〕

居里夫人

张燕波——编著

中国青年出版社

M. Curie

玛丽·斯科沃多夫斯卡·居里
Marie Skłodowska Curie
1867年11月7日~1934年7月4日

玛丽·斯科沃多夫斯卡·居里,世称"居里夫人",波兰裔法国物理学家、化学家。1903年,她与皮埃尔·居里及安东尼·亨利·贝克勒尔因对放射性的研究而共同获得诺贝尔物理学奖;1911年,她因发现元素钋和镭及对镭的提纯和研究再次获得诺贝尔化学奖,成为历史上第一位两获诺贝尔奖的人。基于放射性和镭元素的研究,核物理、粒子物理、放射化学、放射疗法等一系列新科学和新方法诞生,人类对微观世界有了更深层理解,她也被视为原子时代的奠基人之一;在制定科学标准、国际科学交流、和平事业、爱国事业、教育事业、女性权利等方面,她也作出了瞩目贡献。她信仰科学、不惧艰辛、勇敢抗争的奋斗历程被视为全人类的精神财富。

前言

> 我们不应虚度一生,而应该说"我已尽力而为"。
>
> ——玛丽·居里
>
> 将生活变为梦想,再让梦想照进现实。
>
> ——皮埃尔·居里

1911年1月23日,法兰西科学院大门外人头攒动。这天本是科学院新院士的选举日,但与会的老院士们却被数十家报刊的记者和摄影师堵在了门外。会议主席不得不对着门卫大声喊道:"放所有人进来吧,除了女人。"然而讽刺的是,之所以这次选举罕见地受到大批媒体关注,恰恰因为热门候选人是一位女性。

经过两轮有争议的投票,女候选人最终落选。老学究们如愿以偿,走出大门时似乎松了一口气。更为讽刺的是，那位女科学家在几年前曾获得了诺贝尔物理学奖，当时已是世界范围内放射学研究的绝对权威之一，而就在这一年年底，她还将收获第二个诺贝尔奖。仅仅因为女性身份，她终生都没有跨入法兰西科学院的大门。

她就是玛丽·居里，即我们耳熟能详的居里夫人——她被公认为史上最伟大的女性科学家，甚至没有"之一"。大众印象中，居里夫人总是一袭黑衣、消瘦羸弱却坚毅果敢的中年女性形象，她两获诺贝尔奖的壮举受世人景仰，她历尽艰辛提炼新元素镭的故事广为传颂。然而，深入了解一位伟人的生平和思想后，我们会发现这些印象可能是刻板和片面的，对她的人生经历、思想信仰和精神内核存在多重误读。

首先在人物身份认识上，无论西方还是东方世界中，"居里夫人"这个称谓都已是习见的词语。但恰恰是这个不假思索的尊称隐含着两层忽略：一方面，她在有生之年始终被"居里"这个姓氏代表的男性权威所压制，曾一度仅被视作皮埃尔·居里的助手。就算在今天，不知道她自己名字的人也不在少数。只有更真切了解19、20世纪之交的女性科学家及所有女性在社会、家庭和工作中的尴尬处境，我们才能对她的奋斗和抗争感同身受。另一方面，今天的普通大众心目中，她的光芒反而彻底掩盖了其英年早逝的生活伴侣兼工作搭档，导致皮埃尔对科学的贡献以及两人信仰契合、献身科学事业的美谈鲜有人知。

其次，大众对她科学成就的认识趋向简单化。放射性现象的发现在整个人类科学史上是极其重要的划时代节点，不仅揭示了物质的微观结构，打开了亚原子世界的大门，催生了核物理、粒子物理、放射化学、放射医疗等系列新科学分支，更重要的是在其基础上诞生的量子力学理论，撼动了统治经典物理学几个世纪的"决定论和因果律"，使得人类以新的视角认识世界，深刻改变了人类的思想和生活。而镭元素的发现、提纯绝不仅是普通意义上的一次化学元素新发现，它还提供了科学实验的新工具和新技术，在医疗、工业、商业、军事、能源、社会各个方面更是显现出意想不到的用途。正因如此，科学前所未有地被复杂的外部力量裹挟，在科学圈内外引发一系列关乎利益、安全、道德的争议，使科学家、哲学家、机构和公众都不得不思考一个有关全人类福祉的问题：自然科学研究的客观性和中立性以及科学家的良知。

最后，对她一生个人奋斗的解读往往过于脸谱化。除了前面落选院士的情节体现出的性别歧视之压，她67年人生承受了常人难以想象的幼年丧母之伤、亡国亡族之恨、身份卑微之轻、求学道路之苦、科研实验之难、学术权威之蔑、中年丧夫之悲、媒体攻击之耻、身体疾病之痛、世界大战之乱，而最终这诸多压力都化作了她铸就辉煌的背景板。她不是天生的无畏斗士，却依靠对科学的执着信仰和对所有压迫的抗争勇气走出了不虚度的一生。她的信仰和勇气寻根溯源都来自青少年时代经历磨炼后的成长。所以本书着重讲述的不是大众印象中那位伟岸的居里夫人，而是聪慧又善良、羞怯却勇敢、饱含好奇心和家国情怀的波兰少女玛丽亚。

目录

001 / 第一章　国殇 1871
　　国破家困
　　早慧少女
　　巴黎男孩

017 / 第二章　抗争 1881
　　课堂惊魂
　　倔强头发
　　迷茫青年

035 / 第三章　火种 1887
　　山林童话
　　姐妹一体
　　传播火种
　　两个梦想
　　发明之路

061 / 第四章　卧薪 1891
　　只争朝夕
　　与世无争

075 / 第五章　邂逅 1894
　　　灵魂相遇
　　　单车蜜月
　　　工作生活

093 / 第六章　精灵 1902
　　　神秘射线
　　　三篇报告
　　　棚屋岁月
　　　幽蓝精灵

127 / 第七章　荣光 1903
　　　苦尽甘来
　　　原子时代
　　　名利压身

153 / 第八章　梦魇 1906
　　　飞来横祸
　　　魂飞魄散
　　　玛丽教授

165 / **第九章　风暴 1911**
　　女人除外
　　风刀霜剑
　　变化之学
　　镭的母亲

191 / **第十章　欢歌 1918**
　　和平生命
　　战场母女
　　梦想成真

204 / **后记　玛丽的遗产**

第一章

国殇 1871

"放下书,玛丽亚!"

国破家困

1918年11月11日清晨5点，巴黎以北80公里的贡比涅森林内一个小火车站中，昔日拿破仑三世的御用车厢里，法德两国代表准备签署停战协议。车窗外萧瑟冷冽，谈判桌旁的双方境况冰火两重天。德皇威廉二世于两天前灰溜溜退位后流亡荷兰，国内各地革命频发，德军主导的同盟国败局已定，德国代表团垂头丧气。协约国军总司令、法国将军福煦志得意满地摆出协议，大有一雪旧耻之感。整个签署过程只用了8分钟，双方约定该协议于当日11点生效。这个被后世称为"11的11的11"的协定，宣告了第一次世界大战惨淡落幕。这场帝国主义发起的不义之战被认为是人类历史上破坏性最强的战争之一，参战国家达33个，投入军队超过7000万人，15亿人被卷入战火，逾4000万人伤亡，经济损失达2700亿美元。军人、政客、资本家以及饱受摧残的各国民众都以为这是一场"终结一切战争的战争"而长舒了一口气。殊不知，停战协定以及随后的《凡尔赛和约》没有换来永久的和平，而只是让列强们进入了瓜分世界游戏的中场休息。

消息传到不远处的巴黎，市民们冲上街头，挥舞着蓝白红三色国旗，唱着《马赛曲》，庆祝来之不易的和平。在人山人海的法国民众中，有一小群人却高声唱着自己的国歌——《波兰没有灭亡》。"只要我们一息尚存，波兰就没有灭亡"，这些远离故土的波兰侨民得知祖国终获独立的喜讯后热泪盈眶，为此他们等了123年之久。

波兰是历史悠久但曲折的欧洲国家，起源于西斯拉夫人部落，历经原始公社和早期封建阶段，波兰王国于1025年建立。随后的300余年中，农奴起义、封建割据、外敌入侵促使波兰王国和立陶宛大公国于1385年通过联姻结为邦国。1569年，两国正式宣布合并，建立波兰共和国，迁都华沙。经过几代人的经营，波兰进入黄金时代，成为国土达100万平方公里，北临波罗的海、南抵黑海，16、17世纪欧洲国际地位、军事经济实力强大的贵族民主制联邦国家。

然而好景不长，17世纪后半叶，波兰国势迅速衰落。地处欧洲大陆中部波德平原的波兰，国土平坦、气候温和，适宜耕种且矿藏丰富。但这种利于农业发展、东西欧交通要道的地理特点也必然使波兰成为强敌环伺的四战之地。一旦内部政局不稳，波兰马上变为众豪强觊觎的蛋糕。农奴制的压迫和贵族阶级内部斗争使得国力渐弱，内乱与外战中屡屡受挫，18世纪的波兰岌岌可危，国家命运已掌握在强大的邻居手中。

1772年，俄罗斯帝国、普鲁士王国、奥地利帝国在彼得堡签订瓜分波兰的条约，令波兰失去30%领土和人口；受1789年法国大革命鼓舞，波兰爱国者们意图改革兴邦，却招致俄、普两国联手打压，波兰于1793年第二次被瓜分；1795年，俄、普、奥三国再次签订条约，将剩余的波兰联邦国土全部瓜分。蛋糕被分食殆尽，800年历史的波兰第一次亡国。

19世纪初，拿破仑横扫欧洲，大败俄、普两国军队后与之谈和，于1807年将普鲁士在瓜分波兰时占领的土地改为华沙大公国。1814年拿破仑战败被流放,俄、普、奥三国又一次打开地图、重划疆界。短暂复国仅7年的波兰,遭遇了第二次亡国,国王由俄国沙皇兼任。

饱受亡国之耻的波兰人民不堪凌辱,在随后的几十年间数次举行武装起义,均被列强残酷镇压。起义军被杀、被俘、被流放,起义领袖被吊死在华沙城墙上示众。1863年,"一月起义"爆发后再次被俄军镇压,结果导致波兰农奴制和议会被废除,波兰的名字被抹去,更改为"维斯瓦河领地"。

前仆后继的人民起义促使统治者意识到,除了武力血腥镇压手段,还要从宗教、历史、文化、语言各方面潜移默化地消弭这个民族的印记。从地图上抹除这个国家需要武力,想要从人民的脑子里抹除"波兰"二字,则要从教育入手。继而,大、中、小学的校长和教导主任都由俄国人担任,官方语言被定为俄语,自然科学不作为普及教育必选,有关波兰的一切语言、文字、历史都被禁止传播。对于波兰人民,特别是知识分子、有识之士等也意识到,暴力反抗已经屡次被证明不是当时的有效选择,反而会招致统治者更残酷的镇压。启发民智、留存知识火种才是延续民族文化及国家救亡图存的当务之急。

于是,在双方都视为命脉的教育领域,统治者竭尽所能控制教育机构,心怀复国梦的波兰教师们责无旁贷地担负起暗自传播知识火种的重担。昔日的波兰首都华沙无疑是双方力量博弈的风暴中心。

华沙市中心弗拉塔大街16号一幢三层学校职工寓

所里，就住着典型的波兰教师一家。乌拉迪斯拉夫·斯科沃多夫斯基是一所中学的副教导主任，兼任数学和物理教师。他祖上本是小地主，其父接受高等教育进入教师行业，晋身知识分子阶层。斯科沃多夫斯基在华沙完成基础教育后，为了取得教师资格远赴俄国彼得堡进修，学成返回华沙后子承父业成了一名中学教师。28岁时，他迎娶了布罗尼斯洛娃为妻。妻子出身于小贵族家庭，受过良好的教育，也是一位女子学校的校长。教师本是高尚的职业，足以过上体面的生活，可在当时暗流汹涌的华沙，怀有良知和使命的教师却在工作上如履薄冰、生活中捉襟见肘。斯科沃多夫斯基夫妇都有着强烈的家国情怀，在学校里与统治者派来的管理者屡有冲突，教职、薪酬和住房水平日渐缩水。夫妇俩却泰然处之、随遇而安，他们的心思都放在学校和自家孩子们的教育上，尽其所能地传播基础知识和民族文化。他们坚信，民族复兴的希望将在下一代身上实现。1867年11月7日，斯科沃多夫斯基家第五个孩子降生，女孩取名玛丽亚。

早慧少女

玛丽亚遗传了母亲的蓝灰色眼睛和金栗色头发，只是她的头发异常地蓬松，很难梳得服帖，总像个刚起床的洋娃娃。小小的她在楼梯上爬上爬下，在公园里蹒跚学步，在姐姐哥哥们环绕下咿呀学语，睁着大大的眼睛，好奇地探索着她所在的小小世界。

公寓楼是她探索世界的起点。从卧室里的小床出发，她穿过餐厅和客厅，来到她最喜欢的地方——爸爸的书房。高高在上的大座钟和神像都不是她的兴趣所在，那些玻璃柜子里的宝贝才是。玛丽亚先攀上皮革座椅，顺势爬上凉冰冰的大理石桌面，这样就可以看清那些爸爸视为珍宝、锁在柜子里的东西。毫不起眼的石头，奇形怪状的玻璃瓶，像怀表一样的圆盘，两边各有一个小托盘的装置，还有那个玻璃罩里挂着两片金叶子的玩意，这些都是怎么玩的呢？爸爸走进来，抱起玛丽亚走到玻璃柜前指给她看，它们分别是各种矿石、试管烧杯、气压计、天平和金箔验电器，统称为"物理仪器"。物理仪器？玛丽亚连这几个字都听不懂，更不可能搞明白它们是做什么的，但有种不可名状的力量驱使她经常来柜子前端详许久。

公寓外的世界要大得多了。离家门300米的广场上矗立着一座美人鱼的铜像。小玛丽亚每每仰望它时都很奇怪：秀美可爱的美人鱼为什么左手持盾、右手持剑？妈妈给她讲起，传说古时候一位名叫华尔西的小伙子和一位名叫沙娃的姑娘乘船顺着维斯瓦河来到这里开拓家园，后人为了纪念他俩，将二人名字结合为"华沙"来命名这个城市。而维斯瓦河中的美人鱼正是他们爱情的见证人和城市的庇护者。美人鱼成为华沙城和波兰人气质的象征：温和而坚韧。源自这个美丽传说的华沙城在小小的玛丽亚眼中是个大大的世界：高耸入云的大教堂，巍峨华丽的王宫，空旷宜人的广场，绿意蓬勃的花园。华沙还是个四季舒爽的城市：万物复苏的春天，玛丽亚和全家人到公园里野餐；花草繁茂的盛夏，她在清香沁人的薰衣草花丛里甜甜睡去；硕果累累的金秋，她和姐姐们一起采摘酸橙和醋栗制作果酱；暖阳怡人的冬日，长辈领着玛丽亚到维斯瓦河边，从货船上买来甜脆可口的苹果。

华沙城美丽而有活力，可是华沙人却有些奇怪。玛丽亚发现，她认识的人在家里和私底下都是热情开朗的，但在大街上、学校里却常常是沉默寡言、谨小慎微的。他们在公众场合从不说波兰语，在家里看波兰书籍也是偷偷摸摸的。爸爸妈妈在谈到玛丽亚的某个叔叔或舅舅时都会压低声音。玛丽亚不知道，她父母的家族中都有兄弟子侄因反抗外族统治者而被杀害或被流放。亡国之痛在每个波兰人心中留下久久无法愈合的伤痕，印在父母紧锁的眉头上，也不知不觉种在幼年玛丽亚的记忆中。

在玛丽亚眼中，爸爸身材魁梧、目光炯炯、额头宽大，是个"行走的百科全书"，没有他不知道的。除了波兰语和俄语，他还精通希腊语、拉丁语、法语、英语、德语，经常在晚餐后和周末给孩子们讲故事。斯科沃多夫斯基家的故事会中，最常被讲述和讨论的是近代科学史上伟大的波兰科学家哥白尼。孩子们无法真正领会"日心说"的创立在人类科学史和思想史上的伟大意义，但在哥白尼不畏生活困苦和直面教会威权压迫而坚持对科学真理的不懈追求的故事中，那种信仰的力量潜移默化地感染着他们。斯科沃多夫斯基崇尚理性和自然科学的同时，也有感性的一面。朗读各国文学名作和诗歌也是故事会中的固定项目。尽管玛丽亚偶尔发现独处时的父亲面带愁容，可他却给困苦中的一大家人传递着积极乐观的心态。

妈妈是那个时代少有的知识女性，善良、美丽、知性、优雅，不仅有一副美妙的歌喉，还有一双巧手，更有一颗坚韧不屈的心。爸爸的故事会后，孩子们总会聚在钢琴前或站或坐，听妈妈奏唱世界名曲和波兰民歌。琴声止处，妈妈讲起波兰伟大音乐家肖邦的故事。这位生于华沙的"钢琴诗人"是个音乐天才，8岁登台、19岁成名，20岁那年因波兰人民起义失败后不甘当亡国奴选择流亡法国巴黎。几年后，功成名就的他断然拒绝了"沙皇陛下首席钢琴家"的职位和称号，以示对祖国的忠诚。39岁因肺结核英年早逝后，遵照遗嘱，他的遗体被安葬在巴黎，而那颗眷恋故土的心脏被家人偷偷带回华沙，埋在一所教堂的一根空心柱子里。"爱之所在，心之归处"是这位爱国音乐家的墓志铭，"生于华沙，灵魂属于波兰，才华属于世界"是世人对他的无上评价。玛丽亚还不懂音乐的力量，也不明白伟大的音乐家为什么背井离乡。"巴黎在哪里，很远吗，坐维斯瓦河上的船能到吗？"她扑在妈妈膝盖上好奇地问道。"很远很远，"妈妈温柔地推开她答道，"坐火车也要两天一夜呢。"

玛丽亚不明白，最疼爱小女儿的妈妈为什么不愿和自己亲近呢？妈妈是个虔诚的天主教徒，与人为善、坚强自立，从不抱怨生活的困苦而是积极面对。她虽然出身旧贵族家庭，却没有富家小姐的骄娇二气，照料一家人日常生活中勤俭节约，自己缝缝补补还学会了给孩子们做可爱的皮鞋。她既是女校学生眼中的完美女性，也是家人心里的好妻子、好妈妈，唯一让玛丽亚奇怪的就是妈妈总"疏远"她。吃饭时妈妈的餐具和大家的分开收取，临睡前或出门时妈妈从不吻她的脸颊或额头。家人们都知道，妈妈何尝不想把宝贝小女儿抱在怀里亲亲呢，可在玛丽亚出生后，她就不幸罹患肺结核。在抗生素没有被发明的19世纪，肺结核还是不治之症，传染性极强，夺走了无数人的生命。为了不传染孩子们，妈妈只能看着委屈的玛丽亚，轻抚一下表示安慰。除此之外，玛丽亚还发现妈妈晚间咳嗽很厉害的时候，总会离家外出几个月。原来，妈妈是去奥地利或法国一些温泉疗养院缓解病痛和情绪。

通常陪妈妈去疗养的都是大姐索菲亚。年长玛丽亚6岁的索菲亚是四个女孩子中最像妈妈的，从妈妈病了后就成了这个家的小家长，担负起照顾病人和照管几个小调皮的责任。大玛丽亚4岁的约瑟夫是家里唯一的小男子汉，和大玛丽亚3岁的二姐布罗尼娅一样精力旺盛，是调皮捣蛋的主力军。最小的两个孩子倒是不喜欢打打闹闹，只比玛丽亚大1岁半的三姐海拉最喜欢唱歌跳舞，而小玛丽亚则喜欢安静地听故事和观察那些奇怪的"物理仪器"。

转眼间玛丽亚4岁了，她已不满足于只是听爸爸妈妈讲故事，而是偷偷拿出哥哥姐姐看的书自主阅读。爸爸教大孩子们文字和语法的时候，玛丽亚也蹲在旁边聚精会神地听着。强大的好奇心往往能激发足够的专注力，而学习过程中的专注则会产生高效的记忆力。家人们都不曾留意，这个不谙世事、自己穿衣服还不利落的小家伙，已经开始自主学习了。这年盛夏，爸爸把孩子们送到乡下亲戚家度暑假。一位叔叔想考考刚上小学的布罗尼娅，拿出一本书让她朗读。布罗尼娅读得磕磕巴巴，小脸儿憋得通红。一旁的玛丽亚想帮姐姐解围，情急之下一把夺过课本，字正腔圆地一口气读了下来。屋子里的空气瞬间凝固了，叔叔婶婶们惊讶得目瞪口呆，感觉丢了人的布罗尼娅两手空空地呆立在原地，委屈得眼泪在眼眶里打转。玛丽亚这才意识到自己闯祸了，她赶忙拽着姐姐的衣襟道歉。"对不起……都是我不好……可是……"她最后还是忍不住用人们听不到的声音嘟囔着，"这实在太容易了……"

回家后，父母得知了小玛丽亚读书的事。出乎意料的是，身为教师的他们并没有赞许和鼓励，反而下了"禁读令"。正因为二人长年从事教育工作，他们的教育理念认为玛丽亚这个年纪正是释放天性、充分感知外部世界的阶段，不应被书本上的文字束缚。用各种感官与人和自然交流，凝望星空、聆听雨声、细嗅花香、品尝果实、抚摸青草都是认识世界的方式，也是童年最美好的记忆。所以爸爸妈妈一旦发现小玛丽亚偷偷抱着书本的时候，总会说："放下书吧，玛丽亚。"她常常被"驱赶"到花园里和姐姐们玩，或者和哥哥一起搭积木，哪怕是和大孩子们打闹成一团也不会被责怪。儿时的玛丽亚小小的脑袋里总萦绕着一个疑问：为什么布罗尼娅可以读书，而我不可以呢？

巴黎男孩

玛丽亚4岁这一年,尽管国家沦丧、暗流涌动,波兰社会秩序还算平稳,而欧洲大陆的另一端却发生了一件惊天动地的大事。

1871年3月18日,巴黎工人和市民举行起义,26日进行选举,28日宣告成立巴黎公社。这一人类历史上的伟大事件起因于8个月前一场荒唐的战争。1870年7月19日,法国皇帝拿破仑三世因不堪普鲁士王国的外交挑衅,不顾法军军力明显不敌且管理混乱的劣势,为争夺欧洲霸权,莽撞地对普宣战,史称普法战争。谁料仅仅一个多月后,十万法军就在色当会战中战败投降,法皇沦为阶下囚。消息传回巴黎,举国哗然,政局随即发生巨变,资产阶级顺势夺取政权,成立法兰西第三共和国。普鲁士军乘胜追击,围困巴黎。而在巴黎人民自发组织起来保家卫国的时刻,资产阶级的政府却盘算着为了保存实力宁愿签署城下之盟,有些政府军更是成建制地不战而降。普鲁士人最终耀武扬威地开进巴黎城,并带着法国支付50亿法郎和割让阿尔萨斯和洛林地区的条款满意而归。经此一役,普鲁士顺势完成了德意志统一大业,成为欧洲新的霸主。政府的丧权辱国行为激起民愤,巴黎人民拿起武器推翻了资产阶级反动统治,建立了无产阶级革命政权。

巴黎公社成立后,施行了诸如废除租金、补偿失业、办托儿所、女性参与选举等一系列政治、经济、教育领域的革新政策,受到人民的拥戴。但是撤退到凡尔赛的政府军打不过外敌却明显强于临时人民武装，很快就展开了疯狂反扑。政府军攻进巴黎后实施了惨无人道的大屠杀，5月27日，奋战至最后的200名公社战士的鲜血染红了拉雪兹神父公墓的围墙。巴黎公社虽然仅存在了72天，但它是人类历史上第一次无产阶级政权的伟大尝试，为此后的国际社会主义运动提供了宝贵的经验和教训。由工人和市民构成的公社战士表现出来的为国为民视死如归的战斗精神鼓舞着每一个巴黎人。无产阶级者的战歌——《国际歌》就因此诞生。

在后世称为"五月流血周"的那几天中，硝烟弥漫的街巷里，有两个身形瘦弱的巴黎男孩吃力地把公社战士伤员抬上自制的担架，运回自己家中救治。他们是一对亲兄弟，15岁的雅克和12岁的皮埃尔。市中心居维叶路上的一处寓所，已经被欧仁·居里医生改为临时医院，用来救治儿子们运来的伤员。忙乱中，居里医生还不忘拍拍小儿子的肩头，嘱咐着"不要怕"。皮埃尔确实很害怕，这是他第一次如此切近地直面鲜血和死亡。但他相信父兄坚定的眼神，相信他们的举动是人道和正义的，即便浑身发抖也要抓紧担架。早过了学龄的皮埃尔当时还没有上学，却已经历了血与火的洗礼。

皮埃尔·居里，1859年5月15日生于巴黎的一个医生世家。他祖父是一位著名医生，勇于创新，以推广"顺势疗法"而闻名，这种疗法将植物或矿物用于病患，以期激发其自身抵抗力治疗病症，一度在英国取得了引人瞩目的效果。父亲欧仁成年后返回巴黎开了诊所，尽管他性格上显得冲动易怒、霸道专制，可如同狄更斯笔下《双城记》里的马内特医生一样正直善良，有一颗真正的医者仁心。救治巴黎公社战士的善行可是要冒着杀头的风险，而这并非他的第一次壮举。早在1848年法国二月革命期间，欧仁就冲上街道救治起义遭到镇压的工人，他的下巴被流弹打穿险些丧命，可他却把那道显眼的伤疤视为奖章。每当巴黎城瘟疫大流行时，他都不顾安危奔走于大街小巷，向患者提供免费医疗帮助。在他心中，救死扶伤谈不上伟大奉献，而只是一位医生的天职。皮埃尔的母亲是商人之女却没有铜臭气，即便丈夫把本不殷实的家资屡屡用于扶危救困，她也并无怨言反而表示支持。开朗乐观的医生夫妇对金钱没有过度的欲望，过着并不富裕的生活，内心却是充盈和幸福的。二人都是基督教徒，但他们对宗教都有自己的理解。母亲尽管没有接受过高等教育，可她却鼓励孩子们独立思考，建立自己的信仰。父亲对宗教的态度彰显了他对生命和社会的观点：此生最应该做的正是宗教希望世人在来生做的事。言下之意，通过宗教救赎今生的罪恶，倒不如此生为善。他也在一次次善举中践行了自己的信仰。在父母开明的教育方式和身体力行的影响下，两兄弟都坚信与人为善、平等博爱等信条，在生活中建立、追求自己的信仰。

兄弟二人长相酷似，性格却是截然相反。雅克继承了祖父和父亲的开朗果敢、冲劲十足的秉性，也带着同样的暴脾气，与父亲偶尔发生争执时针锋相对、毫不示弱。皮埃尔则天生内向、谨慎、胆怯，不仅稍显自闭甚至有些迟钝。每当与父兄意见不一时，他选择默默走开。因为这种独特的个性，父母在他年至学龄时一致认为，学校的课堂教育肯定不适合小儿子。但不上学不等于不接受应有的教育。母亲负责初期的识字和读写训练，哥哥会把在课堂学到的知识分享给弟弟，而父亲除了教授一些自然科学基础知识，还培养了皮埃尔一项终生兴趣——热爱自然。

居里医生秉承了其父敬畏、亲近、探究自然的理念，年轻时曾供职于巴黎自然博物馆，而孩子们打开居里家二楼的窗户，正好俯瞰着这座历史悠久，堪称世界动植物、矿物标本大全的宝库。小皮埃尔平时最喜欢的事情就是和父兄一起去巴黎郊外远足。在远离都市喧闹和污秽的大自然里，父亲不时讲着这块石头是什么材质、有什么用处，哪些植物可以救人而哪些对人是有害的，两兄弟听得津津有味。

除了怡人和有趣，皮埃尔还发觉自己在自然环境里更容易专注思考。小儿子的专注力一直是父母最头疼的一件事。三位"家教"都发现，皮埃尔日常学习或做事时，任何不相干的细枝末节都可能影响到他，往往生出抗拒情绪，不愿动脑子，于是让人误以为他是个脑筋迟钝的孩子。可是一旦全身心投入到一件事情上时，皮埃尔又会显现出超人的专注力。这种专注力也点燃了他与生俱来的天赋。父亲首先发现了小儿子的数学天赋，因为皮埃尔仅仅在家学习就在数学解题能力上明显超越了年长三岁的哥哥。于是，居里医生聘请了一位大学数学教授作为皮埃尔的家教。很快，数学教授发现这个孩子除了有与数字和公式打交道的天分，还有一般孩子不具备的空间想象能力。空间想象力正是攀登物理学高峰的翅膀。名师点拨之下，皮埃尔依靠着天赋和专注力，仅用两年时间就完全掌握了整个中学阶段的理科知识。当然，皮埃尔绝不是木讷的小学究，除了数理知识，他对文学艺术也很有兴趣。居里医生的藏书室就是皮埃尔最佳的休闲场所。

时光荏苒，秉性颇显古怪的皮埃尔在探索知识海洋和自然奥秘中度过了无忧无虑的少年时代。1873年，没有接受正规基础教育的皮埃尔已经开始在老师指导下研习高等数学和基础物理学等课程，年仅14岁。也就是在这一年，波兰少女玛丽亚6岁了，已到上小学的年龄。她兴高采烈地往小书包里塞着课本，骄傲地望着爸爸、妈妈、姐姐、哥哥，心里想着这下终于可以堂堂正正地读书了。

第二章

抗争 1881

"请回答,玛丽亚!"

课堂惊魂

小玛丽亚为能读书而开心，可斯科沃多夫斯基家却开始被阴霾笼罩。早在玛丽亚出生后，母亲因为身体原因辞去了女子学校的教职在家养病，全家搬出了市中心那幢还算宽敞的寓所，来到华沙西郊父亲供职的中学教工宿舍。斯科沃多夫斯基深知，养活妻子和五个孩子都靠他一个人的收入，一定要保住自己的工作。可他那颗挚爱祖国的心总是按捺不住，兼任副教导主任的他与俄国校长伊万诺夫因此芥蒂很深。平日里，伊万诺夫对波兰学生管理相当严苛，斯科沃多夫斯基则为了波兰人最后的一点尊严据理力争，直到一件小事引爆了二人的矛盾。一次因为学生朗读俄语时犯了语法错误，伊万诺夫大发雷霆，执意对孩子严厉处罚。斯科沃多夫斯基当即为学生辩解，称就算俄国孩子也难免会犯这样的错误。伊万诺夫借题发挥，反而指责斯科沃多夫斯基顶撞上级，一怒之下将其开除。

波兰老教师就这样因欲加之罪而无可奈何地失去了工作、住房和薪水，只得寻屋搬家。尽管他丝毫不为自己的言行懊悔，但是一大家子人的生活保障问题是他不得不考虑的。既然做不了公职，那就做家教，他通过亲戚朋友扩散出招收寄宿补习生的消息。斯科沃多夫斯基的口碑一向很好，应招的学生从二三个到五六个，最后一共来了十个补课的男孩。

燃眉之急暂时得到了缓解，但随之产生的问题却始料未及。新租的房子自然不会很大，五个儿女加上十个学生把几间小房挤得满满当当，真像个学生宿舍了。最小的玛丽亚不得不把客厅兼餐厅当作卧室，睡在一张沙发上。一早天刚蒙蒙亮，玛丽亚就必须赶紧起床，给寄宿生们腾地方来吃早饭。除了吃不好、睡不好，最让刚上小学的玛丽亚头痛不已的是她在家根本没法安静学习。

十个男孩子长期寄宿在家，可想而知，除了父亲授课时间，房子里总是吵闹得像蛤蟆坑似的。妈妈病着，爸爸也顾不上开故事会了，玛丽亚都找不到一处属于自己的阅读角。下午放学回到家，离晚饭还有段时间，玛丽亚就拿出书躲到餐厅的大桌子一角后，自顾自地读起来。寄宿生们早下课了，在屋里追跑打闹。姐姐哥哥们也下学回到家，叽叽喳喳地聊着学校里的新鲜事。玛丽亚简直想大吼一声让他们都安静，可所有孩子里就她年龄最小，哪有发言权呢？不一会儿，姐姐哥哥们就和寄宿生们一起玩起了游戏，布罗尼娅发现了角落里的小妹妹，非要拉着她加入。玛丽亚只想读书，不想玩那些没意思的游戏，也不想被打扰。吵闹声越来越大，玛丽亚被迫用双手紧紧捂着耳朵，双肘支在桌子上夹着那本书，强迫自己的心神专注在眼前那小小的区域里。大孩子们玩累了，聚在餐厅等着开饭，发现小玛丽亚还保持着那个姿势一动不动，就想捉弄一下这个小小书呆子。他们低声商议后，搬来了全家所有的椅子，悄没声地将椅子在玛丽亚身后和两侧一个搭一个地一直垒到头顶，建成了一个岌岌可危的椅子城堡，把小玛丽亚包围在里面。大孩子们时而制造出椅子落地的响声，时而一阵窃笑，可小玛丽亚紧捂耳朵，把头埋到书里，对他们的恶作剧浑然不觉。城堡搭好了，一个孩子走到玛丽亚对面，猛一下拍着书大声喊着"开饭咯"。玛丽亚只得收起书，起身……城堡轰然倒塌。看着哄然大笑的大孩子们，玛丽亚揉了揉微疼的肩膀，噘着嘴说了一句"无聊"。

玛丽亚天生就这么爱学习吗？答案是天赋和兴趣固然重要，但更重要的是她对周遭世界的认知。小小的她已经能敏锐感觉到，这个大家庭处于逆境，父亲因刚正而丢失工作，妈妈重病，大姐早早替代妈妈照顾着一家人，多读一点书就意味着将来能更好地帮父母、姐姐撑起这个家。她也能感觉到，这个国家和民族处于低谷，学校里学不到任何和波兰有关的知识，多挤出一点时间读自己民族的书，就能像父亲说的那样，做个堂堂正正的波兰人。困苦与压迫往往是成熟的催化剂，家国情怀在此刻比和平年代植根得更早、更深、更真切。当一个小学生不能在课堂上朗读自己的母语时，耻辱会化作动力。寒来暑往，玛丽亚就在这种环境里坚持着自己的小小执念，慢慢长大。

1875 年末，华沙遭遇了罕见的凛冬。穷苦人们正发愁如何安稳过冬时，雪上加霜的是城里又暴发了斑疹伤寒。这种传染性极强、致死率极高的瘟疫在当时的欧洲各国肆虐，一个冬天就夺走几十万甚至上百万人的生命。无妄之灾降临斯科沃多夫斯基家。起初是一个寄宿生染病，继而传染了玛丽亚的大姐和二姐。布罗尼娅幸运地逃脱了死神的纠缠，索菲亚由于长年辛劳、体质较弱，持续高烧不退，没能扛过这个冬天。1876 年 1 月，小玛丽亚生平第一次接触到死亡。她穿着妈妈缝制的小号黑色丧服裙子，走在送葬队伍的最后。她甚至哭不出来，因为她还没法接受这个现实：像妈妈一样优雅、能干的大姐，就在不久前还在操持着家务的大姐啊，就这么被埋到地下冰冷的土坑里，永远离开了亲人们。此时的妈妈因身体状况和极度悲伤无法参加葬礼，吃力地靠在窗前目送着女儿的棺木，以头抵在玻璃上，一边流泪一边祈祷。

回到家后，看到一脸惨然、瘫坐在窗前的母亲，玛丽亚哭了。她已经失去了大姐，绝不愿再失去母亲。无人能替代的母亲已经被病魔折磨了近十年，如今又遭受了丧女之痛，更显得虚弱不堪。玛丽亚知道母亲信仰基督教，就学着她的样子，在家里的角落或是路过教堂时，用拉丁文念诵祷文，为母亲祈求平安健康。她甚至冒出了"宁愿替母亲去死"的念头，因为她刚见识了死亡的冰冷。

斯科沃多夫斯基家的孩子们一夜之间都长大了。布罗尼娅责无旁贷地接替了大姐操持家务的角色，约瑟夫和海拉也知道为家里分担一些力所能及的事务。同时，四个孩子在学业上也更加专注，进而在成绩上互相较上了劲。可要说起学习，玛丽亚的进步有目共睹。1877 年，还没过 10 岁生日的她，就和 12 岁的三姐海拉同时上了一所女子寄宿中学，成了同班同学。

玛丽亚喜欢这个学校的老师和同学们，因为她们有很多共同的秘密。其中一个秘密就藏在黑板边上的课程表里。俄语、德国文化、植物学、动物学这些表面上的课程在女孩子们心里分别对应着波兰语、波兰文学、音乐、美术等。玛丽亚最喜欢的是图帕尔斯卡小姐的"缝纫课"。黑板上挂着各种手工图样，孩子们的课桌上摆放着零碎布料和针线，布料上却是波兰历史课本。图帕尔斯卡小姐在这班级25个女孩子中最喜欢玛丽亚，不仅是因为疼爱这个年纪最小的女孩子，而且她的成绩在班里一直名列前茅，上课听讲时蓝灰色的眼眸都放着光。所以这位女教师在课堂上最常提问的对象就是玛丽亚。

　　一堂缝纫课上，图帕尔斯卡小姐正讲到波兰被瓜分前的末代国王，再一次把问题抛给了玛丽亚。在阐述了国王有扶大厦之将倾的雄心但无抗列强之威压的勇气后，这位10岁的孩子流露出为之扼腕的神情。老师欣慰地点点头，她的苦心没有白费，波兰的孩子们不仅记住了自己的历史，还理解了祖国沦丧的原因。位卑未敢忘忧国，孩童也深刻铭记着国耻，师生们陷入了哀伤的沉默。突如其来的电铃声打断了她们的思绪。

　　铃声两长两短，师生们瞬间明白那不是提示下课，而是秘密约定的警报。她们丝毫不显慌乱，老师镇定地整理着讲台，孩子们从第一排开始将历史课本依次向后传递，直至最后一排的五个女生收齐全班的课本，用围裙兜起来从后门迅速跑向附近的学生宿舍。转眼间，几个女孩跑回来落座，尽量克制自己气喘吁吁的时候，前门被推开了。

　　负责监控华沙教育系统的俄国督学霍恩伯格几乎是蹭着门框进来的，完全挡住了紧随其后的女校长。他身材魁梧，挺括的制服上闪亮的扣子绷得紧紧的，一脸横肉上堆着神秘莫测的笑容。他站到讲台上开始环顾教室，女孩子们都低头做着针线活。

"每周都有两节缝纫课。"瘦小的女校长谨慎提示道。

"缝纫课？"霍恩伯格笑着看向图帕尔斯卡小姐，"我刚才走进大门时怎么听到朗读声了？"

"为了保护视力，会停下来朗读一段。"图帕尔斯卡气定神闲答道。

"读的什么？"督学问向坐在头排的女学生。

"是克雷洛夫的寓言故事。"图帕尔斯卡抢着答道。

督学挑了下眉毛僵硬地一笑，老师也礼貌地回应一笑。克雷洛夫是俄国著名作家，读俄国名著当然无可指摘，可寓言中表现的都是对沙皇和贵族阶级的辛辣讽刺，又是统治阶级不愿让民众读的。督学不甘心碰这样的软钉子，在教室里转来转去，停在了个子最小的孩子面前。

"起立，孩子，背诵一遍主祷文。"督学仍然面带微笑。

玛丽亚站起来，就像一只小松鼠仰望着一头巨熊。伴随着只有自己能听见的怦怦心跳，她用俄语背诵完毕，准确且流畅。

督学轻轻点了一下头，询问了玛丽亚的名字，继而抛出一连串的问题："我们的历代皇帝是谁？他们的尊号是什么？我的尊号呢？请回答，玛丽亚。"

玛丽亚感觉心跳渐缓，一一作答，口音纯正，无可挑剔得像个彼得堡的优等生。霍恩伯格再次微笑，继而转向全班同学提高音量大声问出每次巡查必问的一句："谁在统治着我们？"

教室里鸦雀无声，校长、老师都有些紧张，这个问题对每一个被奴役的波兰人来说都难以启齿。见无人作答，霍恩伯格收起笑容，将问题一字字重复一遍。玛丽亚在课桌下攥着小拳头，下巴紧绷，大声答道："亚历山大二世陛下，全俄皇帝。"

督学笑了，这次才是真正满意的笑。他转身离去，像朵乌云飘向下一个教室。女校长意味深长地看了玛丽亚一眼，转身轻关教室门随之而去。图帕尔斯卡小姐走到玛丽亚面前，一把将其揽进怀里。玛丽亚埋在老师怀里无声地哭了，小拳头仍然攥得紧紧的。

放学回到宿舍，海拉和其他女孩子们围着玛丽亚低声谈论着今天课堂上的惊魂一刻。一旦她们真实的学习内容暴露或者督学的审查出现差错，校长、老师、家长包括她们都难逃罪责。她们一致表扬着最小、最聪明、最勇敢的小妹妹，可玛丽亚一直紧咬嘴唇，一语不发。她没有感到任何光荣，相反却是莫大的耻辱，为波兰人遭受的压迫、为自己面临强权时的恐惧、为言不由衷的迎合而羞耻。

祖国母亲饱受凌辱折磨着少女玛丽亚，生身母亲也不久于人世，再次沉重地打击了她。1878年5月9日，全家人围在病榻前。这位优雅知性的女人，长年卧病在床，承受着身体病痛、国家沦陷、家庭困苦的磨难，最终也没等到国家重新崛起和孩子们长大成人那一天。诀别那一刻,她仍然不愿亲吻孩子们,手掌也无力抬起去抚摸孩子们的头顶,只能拼着最后一丝气力对家人们艰难说出:"我……爱……你们……"

第二次穿上黑色丧服,第二次承受至亲离世的锥心之痛,12岁的玛丽亚的童年是残酷的。究竟是谁从她身上夺走了祖国,夺走了说波兰语的权力,夺走了大姐和母亲,夺走了父亲的英气和抱负,夺走了一家人的欢乐?她也曾学着妈妈对上帝虔敬祈祷,可一次次打击表明上帝并不能帮她脱离灾难。她还不知道该去信仰什么,但她心里已经确信,虚幻的神明在残酷现实中并不存在。

母亲的离世再次给了这个家重重一击。全家笼罩在阴郁气氛中,寄宿生们也不敢大声喧哗了。斯科沃多夫斯基挚爱着妻子,剧烈而持久的哀思使他余生再没续弦。他显得更加苍老,却没有被悲伤压垮,反而用自己的乐观竭力纾解孩子们的情绪。他又恢复了一家人的故事会,读自己翻译成波兰语的世界名著,孩子们也逐渐被文学的力量和亲情的紧密连接治愈。可有一次,父亲在读《双城记》时,正好讲到马内特医生的妻子坚强地独自抚养小女儿却早早离世,玛丽亚突然躲到房间里小声哭了起来,哥哥和姐姐们也热泪盈眶。他们一定是联想到自己苦命的母亲。斯科沃多夫斯基深知,小女儿虽然冰雪聪明,但敏感脆弱、心思极重,他要想办法鼓励玛丽亚和孩子们向前看,重燃生活的勇气。

玛丽亚初中即将毕业前的一天晚餐后,全家人照例围坐在餐桌旁等着父亲读书或念诗。父亲没有准备朗读，而是端详着逐渐长大的几个孩子，严肃认真地问起关于未来梦想的话题。约瑟夫和布罗尼娅异口同声地说梦想是当医生。对有抱负的波兰年轻人来说，无论救国救民于水火，还是对自己和家庭未来考虑，医生都是最理想的职业。海拉和妈妈一样热爱音乐，她的梦想是成为音乐家或音乐老师。轮到玛丽亚了，她说有很多梦想：课堂上能堂堂正正说波兰语，父亲能复职，家庭生活变好而不必和寄宿生挤在一起，家人都健康……"那你自己的梦想呢？"大家一起问道。玛丽亚一时说不出来。她环顾着餐桌旁的亲人们，哥哥姐姐都那么优秀：约瑟夫高大英俊，高中毕业因成绩出众得到了金质奖章，现在考入了华沙大学学医，实现医生梦想指日可待；布罗尼娅个子高挑、一头金发，也在毕业时取得了金质奖章，只因华沙大学不招收女生而阻滞了梦想，且出国留学数年所需费用对这个家庭的经济情况来说是无法承担的，可二姐并不气馁，把一家子上上下下打理得井井有条，还抽空做做家教贴补家用；海拉刚 16 岁，已经出落得美貌大方，浑身散发着艺术气息。玛丽亚再看看 14 岁的自己：圆圆胖胖的苹果脸，头发总是蓬蓬的，和哥哥姐姐比起来就是个丑小鸭。她没能讲出什么远大的梦想，只是在心里筹划着一个小小的具体目标：在学习上和哥哥姐姐一样出色，毕业时也拿到金质奖章。

*

16岁的玛丽亚，1883年

倔强头发

公立高中的新环境让玛丽亚很不适应,学校里的老师和同学并不全是波兰人,所以远不如寄宿初中的师生们那般友善。如果有人胆敢不经意说了波兰语,不仅当事学生要遭受严惩,家人也将受到牵连而获罪。严酷的环境反而使波兰孩子们自然而然团结在一起,不惧各方面压迫,也丝毫不受异国文化影响。课堂上既没有欢快平和的氛围,也没有共同保守的秘密,玛丽亚索性把全部心思都扑在学业上。在学校里刻苦出了名的玛丽亚每门功课都是年级第一名,老师同学们每每在校园里碰到她都会投以赞许的目光,只有一人除外。

教导主任梅耶小姐是德国人,个子矮小、心胸狭隘,对波兰女孩子格外"关照"。女孩子们最受不了的是这位教导主任总喜欢穿着那双软皮平底鞋在校园里巡视,常常悄无声息出现在一群女生身后吓人一跳。玛丽亚学习拔尖、举止得体,从不主动示好,由此招致教导主任的不满。但梅耶小姐横竖挑不出玛丽亚的过失,无法施威,只得鸡蛋里挑骨头,她竟然盯上了玛丽亚的头发。梅耶认为波兰孩子方方面面都要顺服,就算头发不顺服也不行。

这天课间,玛丽亚和女生们正在走廊里说笑,突然发现伙伴们都闭上嘴巴,表情僵住。玛丽亚一回头,不出所料,梅耶小姐又像幽灵一样飘到身后。玛丽亚比教导主任高一头,怀里抱着书本俯视着对方,眼神毫不慌乱。梅耶最受不了玛丽亚这种居高临下的姿态,一时找不到训斥的事由,又指责玛丽亚的头发乱蓬蓬影响仪表。玛丽亚装作委屈的样子，表示这种发质是天生的，自己也无可奈何。梅耶小姐不肯罢休，索性掏出自己的梳子，踮起脚来强行给这个倔强的波兰女孩子梳头。同学们看着滑稽的一幕强忍着不敢笑。玛丽亚并不躲闪，任由梅耶的梳子粗鲁地带走发丝，只是坚定地梗着脖子，仍然俯视着教导主任。梅耶气急败坏地吼道："不允许你这么看我！"玛丽亚哭笑不得，强硬却不失礼貌地回道："可我只有这样才能看到您啊，梅耶小姐。"

放学回家路上，玛丽亚还在和小伙伴讲着梅耶小姐的窘迫。那一刻玛丽亚是快乐的，因抗争而快乐。10岁时面对统治者威压的恐惧、胆怯、隐忍、迎合进化为抗争的勇气。没有人天生勇敢，所有人都曾在重压前心生恐惧，只是有的人永远屈从于恐惧，有的人发掘出心底本能的勇气战胜恐惧。玛丽亚深爱着这方水土和同胞，也爱自己那倔强的头发和耿直的脖子。两个波兰女孩就这样牵着手一路说笑，抬头突然发现，二人漏掉了一项日常"功课"。她们小跑着返回王宫前的萨克森广场。那里矗立着一座方尖碑，碑上刻着铭文"纪念忠于皇帝的波兰人"。这是俄国人为波兰叛徒立的纪念碑，以表彰他们的顺服。两个小女孩跑过去，迅速朝着纪念碑吐一下口水，赶紧离开。这是华沙市民每天必做的功课。此举当然对统治者无关痛痒，却是波兰人的态度：每天都要提醒自己不忘国耻。

玛丽亚的刻苦和勇气帮助她完成了那个小小梦想。1883年6月12日，她身着一袭黑色礼服裙，上面别着一小束粉红色的茶香玫瑰，因总成绩第一名的殊荣亭亭玉立于中学毕业典礼的颁奖台上，手里骄傲地举着斯科沃多夫斯基家的第三枚金质奖章。父亲站在台下欣慰地看着小女儿，却在心里暗自有些担心：玛丽亚长成大姑娘了，聪明刻苦，是全家人的骄傲；可这个孩子眉宇间却隐藏着一丝愁绪，她心里积压了太多苦难、压力和对未来的希冀，不是16岁花季少女应该承受的。回家后的几天，父亲发现玛丽亚气色越来越差，茶不思饭不想，去看医生被诊断为神经衰弱。不出老父亲所料，小女儿心思过重以致影响到身体健康。玛丽亚吞吞吐吐向父亲坦露心迹：她一直记着14岁时没能答出的梦想问题，如今有了答案，就是像二姐一样出国上大学，不去德国、俄国，只想去法国巴黎。父女二人都沉默了。布罗尼娅的留学深造梦都因家庭经济情况无力承担而一再搁浅，玛丽亚的梦更无从谈起。然而，斯科沃多夫斯基总是乐观面对困局。"一定要送你们姐妹去巴黎，我们全家人一起慢慢想办法。"父亲老了，却不曾对生活服输，"你现在的任务是先养好身体。"

迷茫青年

16岁的玛丽亚在华沙梦想着巴黎，而8年前，从没上过学的16岁巴黎男孩皮埃尔已经令人惊异地迈入索邦大学的大门，踏上了求学之路。

皮埃尔数理方面的天赋使得他在象牙塔里游刃有余，两年后，18岁的他取得索邦大学物理学学位。苦于居里家的经济情况，皮埃尔没能继续深造攻读博士。但他在学习中表现出的想象力和专注力，尤其是在物理化学实验中展现出的超强动手能力，给索邦大学的教授们留下了深刻印象。次年，19岁的皮埃尔被校方聘为物理实验室助理。让他倍感喜悦的是，哥哥雅克当时在矿物学系做助教，两兄弟得以相伴钻研科学。

*

雅克（后排左）、皮埃尔（后排右）与父母

雅克年长三岁，两人看起来却像双胞胎：同样修长的身材、利落的寸头、简朴的穿着。虽然同样热爱自然与科学，可他们迥异的性格养成了截然相反的工作特点。雅克果敢大胆、积极乐观，善于处理人际关系，工作起来富有冲劲、有领导力；皮埃尔敏感谨慎、寡言恬淡，惧怕和外人打交道，但在工作中有着可怕的专注力、出奇的思路、精巧的手艺。看似性格冲突却成为优势互补，而长年朝夕相处、志趣相投的兄弟俩还有着心意相通的默契，由此造就了一对完美的实验科学组合。

兄弟二人大部分时间都泡在实验室里，除了完成必要的教学任务，他们把旺盛的精力和创造力用来研究自己的课题。科研之路的起初几年，二人在晶体研究和发明精密测量仪器方面屡有建树。尽管没有什么轰动性发现，也没有受到法国科学界的关注，但他们很享受在自然科学道路上探索的纯粹乐趣。父母也并不为两个儿子没有继承居里家族的医生职业感到遗憾，反而十分支持他们的自主选择。从信仰、择业到生活，兄弟俩都享有着少见的自由。

父母支持，兄长为伴，优质的学术环境，热爱的工作，二十出头的皮埃尔本应志得意满、雄心勃勃。可他有时走在索邦大学校园里会突然停下来，出神地立在原地良久，冒出一个旁人看来很奇怪的想法：我到底要成为什么样的人呢？

诚然，以科学为信仰和志业，是他的明确选择。从求学到就业，做实验、找课题、搞发明、发论文，这个年轻人的生活顺利且充实。可他内心却充满了对当下的不自信和未来的不确定。自己对自然科学的理解水平够高吗？师长和同事对自己的能力认可吗？将来也会像老教授那样穿着黑色礼服在上百人的阶梯教室里讲课吗？会在科学院的讲台上发表论文、受众人景仰吗？

这种不自信和迷茫一直在皮埃尔内心最隐秘的角落里默默存在，偶尔会跳出来干扰着年轻人的心神，直到他24岁时，严重影响了他的生活。那年，哥哥雅克准备结婚，并为了更好的发展谋得了蒙彼利埃大学矿物学教授的职位，离开了巴黎。失去了好兄长、好搭档的陪伴，皮埃尔马上就像丢了魂一样。实验室里同事们的忙乱，城市里邻居们的嘈杂，种种细枝末节都能让这个年轻人焦躁不安。工作起来集中不了精神，生活也变得乏味无趣，皮埃尔一度消沉，那关于未来梦想的困扰再次汹涌袭来。

1873～1883年这10年间，玛丽亚从幼童长成少女，皮埃尔由少年变为青年，两人思考着梦想问题时，有着同样的困扰。他们的父亲也有着类似的担心。知子莫若父，老居里医生为了恢复小儿子的状态，决定举家搬至巴黎东南郊的索镇。那里远离喧嚣和污秽，人口稀少，宁静安逸，植被茂盛，大大小小的池塘绵延数里，被称为鸟类的天堂。斯科沃多夫斯基则联系好几位乡下的亲戚，"遣送"玛丽亚去度个长假、休养身体。

1883年，24岁的皮埃尔打点好行装，和父母一起踏上驶向巴黎远郊的马车；16岁的玛丽亚抛下书本，告别父亲登上开往乡村的火车。心事重重的两个年轻人，同时投入大自然的怀抱。

第三章

火种 1887

"开讲吧,玛丽亚!"

山林童话

玛丽亚的行囊里一本书都没放。学习、就业、梦想，这些困扰着16岁少女的问题都被南下的火车抛在了华沙城。夏秋两季，玛丽亚盘桓于几位农庄亲戚家，长年住在大城市的她日渐被乡村生活治愈。每天太阳老高时她才起床，除了教亲戚小孩子一小时法语课，其他时间都被各式各样的娱乐活动填满了。和同龄孩子们下棋、打牌、唱歌、跳舞，她从早到晚乐此不疲；秋收时节，她和农妇们一起做野草莓果酱；原野中，她和伙伴们滚铁环、打板羽球、荡秋千，平时觉得幼稚无聊的捉迷藏在树林里都变得别有意趣；从亲戚那里找来的冒险、奇幻小说也看得津津有味，已不知代数、几何为何物。在这里，玛丽亚学会了游泳和骑马等城市里无法掌握的技能。夏天的热烈、秋天的丰盈和乡人的朴真一点点消弭了玛丽亚心中的压抑情绪。

秋叶落尽时节，正准备返家的玛丽亚又接到山区亲戚热情的邀请信。火车轨道终止于塔特拉山麓，玛丽亚换乘雪橇投进喀尔巴阡山脉的怀抱。雄伟的喀尔巴阡山脉西起多瑙河峡谷，先向东、再向南弯出个一千多公里的大宽弧，山脉西段形成了波兰天然的南部边境线。自远而近，大山由轮廓模糊的风景画变为生机盎然的写意诗；自下而上，植被从浅草、矮松过渡到高大的冷杉、山毛榉。该如何用语言形容喀尔巴阡山的美呢？大自然的鬼斧神工为人类安排下如此胜景，似乎山石本就该层叠在云端，林木本就该拥挤在山腰，白雪本就该铺排在屋顶，劈柴本就该堆垒在墙边，羊奶本就该盛在木盘子里，老爷爷本就该留着圣诞老人的大白胡子……

城市的繁闹、农庄的热烈都不如冬季大山的凛冽、静谧更能疗愈一颗年轻躁动的心。玛丽亚放下行囊就迫不及待跟着小伙伴登上塔特拉山的高峰。筋疲力尽地行至一个垭口，眼前的景象震撼了城里来的少女：一面结冰的湖泊，晶莹剔透如大山的蓝宝石瞳孔。小伙伴说这是著名的高山湖泊"海眼"，春夏看来一池碧水，金秋倒映缤纷色彩，寒冬则呈现最迷人的冰蓝色。玛丽亚静静仰卧于湖面，周遭万籁俱寂，似乎能听到大山舒缓的呼吸。

山里的冬季生活缓慢、安逸，玛丽亚围着火炉跟大人们学着做木雕家饰和用具，驾着雪橇进山打猎，时间都慢下来了。转眼间1883年年底将至，山里人突然忙乱起来。玛丽亚得知，一年一度的"库立格"就要来临。

"库立格"是喀尔巴阡山山民的新年雪橇狂欢节，每逢临近年底，人们就开始准备传统民族盛装和美食美酒。白日雪地里，男人们从酒窖里搬出陈年佳酿；夜晚灯下，女人们将多彩花样缝到长裙上；少男少女们不舍昼夜地练习着节日舞步。新年前两天的傍晚，狂欢节启动，女孩子们都开始精心打扮，迎接自己一年中的高光时刻。玛丽亚费力地将自己倔强的头发编成麻花辫盘于头顶，戴上鲜艳的麦穗状花冠，系上两条飘垂的彩色丝带，套上麻布长裙和丝绒长马甲，整理好雪白的泡泡纱袖，手腕处系上丝带，蹬上长筒皮靴，冻得红扑扑的脸蛋无须化妆就显得青春活力四射。打扮完毕，玛丽亚和三个堂姐妹欢闹着挤上雪橇,家中的男孩子们则身穿白底绣花衬衫、羊毛外套、脚踩长马靴,手持火把、跨上骏马,在雪橇两侧护卫而行。

雪橇马队出发,疾驰在林间雪道上。暮色四合,林中静寂,耳畔只有呼呼的风声和马蹄踏雪之声。隐隐间,时断时续、忽高忽低的音乐声传来,紧接着不远处林木间隙中现出闪烁不定的微弱火光。乐声与火光逐渐迫近,和玛丽亚的雪橇队隔着树林平行疾进,最终会合于雪道上。玛丽亚这才看清,这队雪橇上坐着几位小个子乐手,弹奏着小提琴、铃鼓等传统乐器。玛丽亚这队雪橇上的少女们随即和着音乐唱起民族歌曲。温暖柔和的月光在雪地上一路铺洒,空灵幽远的乐声和人声在树林间四下弥漫,玛丽亚坐在疾行的雪橇上享受着如童话世界般的奇幻时刻。

雪橇队抵达路上第一所木屋前,一行人大大咧咧地推门而入。乐师们抢先跳上桌子继续演奏,男男女女们则围着桌子跳起舞来。主人家假作惊慌,赶忙端出早已备好的美食醇酒应付不速之客。男人们将战利品搬到雪橇上,一路欢歌扑向下一家。玛丽亚发现刚才那家主人此时也欢快地驾着自家的雪橇紧随其后。这就是"库立格"的游戏规则,雪橇队每到一家都是欢歌热舞一番,唱饿了就吃,跳累了就睡,然后连人带酒食席卷而去。一夜一昼后,狂欢队伍像接龙游戏一样愈加壮大,音乐声如汽笛,人与马呼出的白汽如蒸汽,数十架雪橇如满载欢乐的一列火车,在雪道上蜿蜒疾行,奔向终点站。

新年前夜的傍晚,雪橇火车最终停在村里最大的房子前，村长出门迎接，狂欢节的高潮来临。人们享受着过往一年的辛劳成果，憧憬着来年的美好生活，美食佳酿堆满了桌子，乐曲填满了每个角落，五彩盛装随着青年男女的舞步摇曳点染了辞旧迎新的盛会。刚刚年满16岁的少女玛丽亚，释放着自己的青春活力，这一曲跳着不太熟练的华尔兹，下一曲舞着几天前刚学会的玛祖卡，就这样不知疲倦地从傍晚跳到黎明。最后一支舞曲奏完，已是新年第一天早上八点。玛丽亚累得快要虚脱，瘫坐在墙角，花冠和飘带早已不知去向。坐在回程的雪橇上，愉悦之情并没有随着狂欢节结束而消散。玛丽亚心中不禁憧憬着，将来嫁人时一定要办一场盛大的"库立格"。

喀尔巴阡山的雪逐渐消融，"海眼"也由冰蓝色变为新绿，玛丽亚彻底爱上山区生活，直至盛夏才恋恋不舍地返回华沙。还没向父亲和姐妹讲述完这一年的精彩生活，玛丽亚又接到一位伯爵夫人的邀请。这位夫人曾是玛丽亚母亲的学生，如今恩师去世多年仍心存感念，时值暑假，就邀请斯科沃多夫斯基家的孩子们来乡下别墅度假。玛丽亚和海拉欣然赴约。夫人家小孩子众多，平日里热闹非凡，玛丽亚一下子成了孩子王。夫人的宠溺放纵了孩子们的捣蛋天性，幼年的玛丽亚曾是被捉弄的角色，这回她却成了恶作剧的小领袖。偷吃主人用来待客的茶点后编一个稻草人摆在餐桌前当替罪羊，用50公斤蔬菜编成桂冠作为夫人结婚纪念日的贺礼，半夜将桌椅挂到房梁上等着主人进屋东磕西碰出洋相，如此种种都写在玛丽亚的优胜记略里。主人家办的舞会是玛丽亚最爱的节目，没钱买高档礼服的她因陋就简，买来便宜的纱罩和彩带装饰自己的旧衣裙。又是从傍晚跳到黎明，曲终人散后，玛丽亚感觉脚底格外凉爽，原来自己买的廉价薄底软鞋的鞋底早都不知道甩到哪个角落。

中学毕业后这段缤纷假期是玛丽亚一生中最无忧无虑的一年，她尽情释放着少女的活力，享受着过载的欢乐。未来的艰难岁月中，每当痛苦无助时，玛丽亚总会躲到心里那个隐秘的角落寻求些许快乐记忆：农庄的丰饶，大山的静美，穿梭于雪地林间的灵音魅影。

姐妹一体

1884年9月，结束14个月的漫长假期，疯丫头玛丽亚返回华沙。父亲看着小女儿甚是欣慰：个子长高了，身材变苗条了，活力满满。可玛丽亚看着眼前的父亲却百感交集：年近六十的老教师身材发福，头发日渐稀疏，气力也不再如昨。斯科沃多夫斯基已无力再招收寄宿生，少了这份收入，全家只得换租更小的房子。玛丽亚过去一年多放松的心瞬间缩紧了，她意识到，老父亲为这个家辛劳几十年，自己该做点什么了。除了在大学进修的哥哥，三姐妹商议好，分别开始找工作贴补家用，为父亲分忧。

对于接受过基础教育的华沙女孩子，最务实的工作就是家教。玛丽亚和海拉通过职业介绍所、亲朋好友推荐，甚至自己张贴广告的方式找到了一些教小孩子的零工，布罗尼娅在打工的同时还要兼顾管家的角色，甚是辛苦。尽管出身于教师世家，教教小孩子语言和基础文化知识绰绰有余，但三姐妹打工之余都不忘给自己继续充电。一则，继续学习有助于目前的教学能力提高；二则，她们都没忘了自己的梦想，不甘心做一辈子家教。

作为19世纪末的波兰知识女性，想要深造真是难上加难。出于统治者压制波兰科学技术发展的目的，基础教育中最大限度限制自然科学的普及，而且不向女性提供接受高等教育的机会。但强大的求知欲和民族复兴的梦想是不可能被彻底压制的，波兰的有志青年们自发创造了属于自己的学习场所——流动大学。

顾名思义，流动大学没有固定的校园和课堂，是官方禁止的地下教育组织，由华沙有志向、有胆魄的知识分子主办，他们不仅免费提供场地和教具，还要冒着生命危险。如果遭遇突击检查或被人出卖，组织者将面临轻则流放、重则丧命的厄运。知识的火种不会因狂风暴雨而熄灭，一处被查封就转战下一处，有时在某位教授家中，有时在某个废弃厂房里，华沙的年轻人们不惧风暴。

斯科沃多夫斯基家三姐妹和华沙两百多位女孩一起辗转于不同的流动大学，艰难地保持着学习。此时的玛丽亚像一块海绵般如饥似渴地吸收着各种知识，除了她钟爱的数理化，生物学、哲学、社会学也都在她的学习计划中。在此期间，她有幸结识了很多有才华、有抱负的波兰教师，接触到了方兴未艾的实证主义思想。

从14世纪文艺复兴起，宗教改革、启蒙运动、科学革命、工业革命依次应运而生，终结了欧洲漫长中世纪的封建社会。崇尚理性主义、实证主义的英、法、德等国在科学领域各领风骚，在实业领域发展日新月异，科学强国的理念深入人心。反观波兰，挣扎于列强践踏之下，科学发展几乎处于停滞状态。如玛丽亚一般有知识的波兰年轻人强烈意识到，发展科技是国力强盛之道，而在被压迫、被奴役的非常时期，普及国民教育、启发民智是唯一可行之路。

此外，玛丽亚和流动大学中的女孩子们也接触到女性权利的进步思潮，阅读了诸如《解放的妇女们》的启蒙著作，了解到欧洲各国女权运动都处于萌芽阶段的现状。一方面，女性背负着千万年人类历史积累的沉重包袱，想追求权利平等绝不是一朝一夕之功；另一方面，理性主义、实证主义带来的思想变革，尤其是科学技术发展给女性提供了更多与男性相当的社会工作机会，使得女性权利有了发展的土壤和呐喊的底气。社会的变革既顺大势也在人为。玛丽亚和伙伴们不仅在思想上寻求进步，也在实践上尝试着改变。她们在自己充电的同时，组织华沙的家庭主妇和缝纫女工们开设文化补习班，为波兰普通女性提高基础认知水平、了解世界时事、强化女性权利意识和国家民族意识贡献着微薄之力。

这段岁月充实且炽烈，玛丽亚和姐姐们一边为支撑家庭打工挣钱，一边疯狂汲取知识养分，一边还要尽力将自己所学输送给其他姐妹。那个在农庄、山林尽情放飞的疯丫头一去不返。学到的知识和思想越多，对梦想的憧憬越强烈，姐妹中紧迫感最强的是矢志从医的布罗尼娅。每到月底，布罗尼娅都会躲到房间里，打开存钱的盒子数一数，然后叹着气合上盒子。她经常盘算着，留学除了支付一笔不菲的学费，在巴黎一年的食宿交通费至少也要四五百卢布，医学专业要上5年，依靠自己做家教半卢布的时薪，梦想中的巴黎索邦大学遥不可及。玛丽亚将一切看在眼里，靠坐在姐姐身边，拉住她的手，讲出了酝酿已久的计划。

*

玛丽亚（左）和布罗尼娅，1886年

父亲虽然很支持女儿们出国进修，但他已年迈，微薄的退休金仅够一家人房租和日常开销，无力承担高昂的留学费用。姐妹们的梦想只能靠自己。玛丽亚的计划是，姐姐只要攒够第一年的学费和生活费所需的几百卢布就可以前往巴黎，随后几年的费用由父亲从生活费中贴补以及自己打工所得来维持。

"绝对不行。"怎么可能让小妹妹打工供自己读书，布罗尼娅断然拒绝。

"完全可以。"玛丽亚拿出纸笔一通计算，"咱们俩攒几个月钱，你就能坐上去巴黎的火车。"

"你疯了吧！"布罗尼娅苦笑着。

"一点没疯。到了巴黎后，我和爸爸每月给你寄钱。等你毕业当医生挣钱了，我也能攒一笔学费，到时候你再帮我上学就是了。"玛丽亚坚持道。

"这不现实，既给我寄钱还要自己攒钱，你还怎么生活呢？"布罗尼娅觉得妹妹太天真。

"我早就想好了，可以找一份长期包食宿的家教，一年攒几百卢布不成问题。"玛丽亚成竹在胸。

"理论上是可行的，但是，"布罗尼娅反问道，"你这几年时间不是耽误了吗？"

"你都二十了，我才十七！"玛丽亚的态度不容置疑。

玛丽亚的计划确实可行，但也确实付出更多。17岁女孩的无私奉献并不是一时冲动，玛丽亚为此思虑很久。一方面这个留学计划是当时家庭状况之下的唯一选择，另一方面玛丽亚心底多年来埋藏着对二姐的崇敬和报恩之情。布罗尼娅漂亮、有才华、有抱负,自从大姐和母亲相继离世后,她为这个家的操劳有目共睹。更何况,玛丽亚的计划是姐妹一体的,只要坚持三五年,自己的留学梦也将实现。姐妹俩的命运紧紧捆绑在一起。

1885年秋,布罗尼娅辞别父亲和哥哥妹妹们,含泪登上开往巴黎的火车。玛丽亚则穿着朴素得体地走进职业介绍所。起初的求职经历并不顺利,不是薪资太低就是人情刻薄,刚刚进入社会的玛丽亚品尝到世态炎凉、为富不仁的苦涩滋味。还算幸运的是,这年年底通过亲戚介绍,玛丽亚谋得一份为期三年、年薪500卢布的家庭教师工作。1886年的第一天,年满18岁的她辞别老父,登上北上的火车,迎来自己第一次离家的生活。

传播火种

经过3小时火车、4小时雪橇,玛丽亚于深夜抵达华沙西北100公里,维斯瓦河畔的目的地。雇主佐洛斯基夫妇热情迎接了年轻的家庭女教师,嘘寒问暖一番,领着玛丽亚来到二楼角落里的一间房安顿下来,还送来一壶热茶。主人走后,玛丽亚双手捧着茶杯,蜷缩在小床上。寒冷消散,孤独袭来,玛丽亚望着窗外黑茫茫的夜,忐忑难眠。

次日太阳刚刚升起,玛丽亚没有打扰主人,从紧挨房门的一段外置楼梯,轻轻走下楼来。佐洛斯基家的住宅是一幢二层楼的老式别墅,位于河畔平原的高处。极目望去,漫无边际的甜菜地还在冬眠,田地另一边是烟囱冒着黑烟的大型红砖厂房，厂房外围辐射着百十所工人居住的小茅屋，小河里翻滚着泡沫汩汩的酱紫色污水。甜菜制糖工艺由普鲁士人于18世纪中叶发明以来，欧洲各国都在大力发展甜菜制糖工业，摆脱了对海外殖民地甘蔗制糖的依赖，却也加重了对工人的剥削和环境的污染。

糟糕的自然环境让玛丽亚皱起了眉头，雇主的资本家身份也让她心怀芥蒂，只因不久前她在就职过的资产阶级家庭中领教了富人的刻薄与虚伪。谨小慎微的第一天工作结束后，玛丽亚很快打消了顾虑。佐洛斯基先生是位开明、宽厚的实业家，这座制糖厂的股东，管理着200公顷甜菜地。夫人是位优雅、温和的知识女性，年轻时也做过教师，对待华沙来的小女孩尊重且友善。这个大家庭的孩子们也和玛丽亚相处融洽。家中长子在华沙上大学，次子、三子在外上寄宿中学，两个最小的孩子尚在幼龄，10岁女孩安吉娅是玛丽亚的学生，而与玛丽亚同龄的长女布朗卡没几天就成了她无话不谈的好朋友。

玛丽亚每天的工作是上下午各用两个小时教安吉娅小学课程，余下的时间都和布朗卡在一起。同在18岁年纪的两位女孩意气相投，一起到原野散步、玩耍，在家里阅读、跳舞，让玛丽亚摆脱了只身在外的孤独。玛丽亚将自己在流动大学接触的实证主义、女性权利等思想都讲给布朗卡听，两人从华沙买来相关书籍自学，经常于晚间挤在一张床上，讨论着自己的、女性的以及波兰的未来。进步思想充盈在两个年轻女孩头脑中，只可惜毫无用武之地，甚至连可以交流的同龄人都没有。玛丽亚每天都能从二楼窗口看到糖厂上下工的年轻人：头发赶毡打绺，衣衫褴褛不堪，性格木讷羞怯。可玛丽亚也看到了那些清澈、纯真的眼神，他们也是十几岁的花季少男少女，不该在周而复始的简单体力劳动中和思想闭塞之地浑浑噩噩地活着。玛丽亚生出个大胆的想法。

"教农民孩子读书？"布朗卡刚听到玛丽亚的提议时也一样两眼放光，为穷苦年轻人提供基础教育可比空想未来更有价值。可转念一想，布朗卡和玛丽亚都意识到这个举动带来的巨大风险。私下给劳工开课教学是统治者严令禁止的，一旦被告发，两个女孩自身以及各自的家庭都将面临残酷的惩罚。在华沙上流动大学时老师被流放的悲惨结局，玛丽亚历历在目，事关父母兄弟一大家的人身安全，布朗卡顾虑重重，这个大胆而凶险的念头一度让她们退缩。但每天见到那些孩子的眼神，她们心里就积累下一分勇气。最终，勇敢的布朗卡决心帮助玛丽亚完成二人共同的愿望。经过细心筹划，她们决定从小范围尝试开始。布朗卡秘密地在熟识的一些工友间展开宣传。

盛夏傍晚，晚餐时间后，喧闹的工厂和村落都归于疲累后的寂静。玛丽亚门外那架直通院子的木楼梯响起吱吱呀呀的轻微声音，房门随即被小心翼翼推开，10个不同年龄的孩子和几位家长挤进狭小的房间里，轻轻坐在自带的小板凳上。玛丽亚紧张地站在一块小黑板前，这是她第一次在如此多人面前讲课。扫视着这些十五六或八九岁的农民孩子那新奇、茫然与渴求的眼神，玛丽亚和布朗卡相视一笑。"开讲吧，玛丽亚！"布朗卡坚定地点点头。

两小时的课程主要内容是波兰语和波兰历史。那些从小不识字或只学过一点俄语的孩子，起初还意识不到母语和祖国的历史有多重要。可从那几位家长眼中，玛丽亚看到了期许和感动。饱经欺凌的波兰人民，即便是没有文化的底层工人农民，不会表达爱国主义思想的劳苦大众，他们内心深处都保留着与祖国的一丝牵绊。他们谁都不愿意看到下一代就在为衣食劳作的一天天中沉沦，忘记自己的母语和历史。看看这位年轻的女教师，再看看自己的孩子，家长们眼睛里点燃起从不曾闪过的光。静夜中，二楼小屋传出粉笔轻划黑板和微弱羞涩的朗读声。

两个女孩的大胆尝试成功了。通过家长们口口相传，更多的孩子加入了这个地下文化学习班。秋去冬来，玛丽亚的学生已经增至18个，把她的小房间挤得满满当当。她自费买来文具分发给家境困难的孩子们，针对不同年龄和水平的孩子设计了不同的教学内容。布朗卡也帮她安排课程或代课。思想开明且深爱祖国的佐洛斯基夫妇早已察觉她们的行动，采取了默许的态度。几个月下来，孩子们在语言上的进步有目共睹，他们从仅能读写自己的名字到自主阅读波兰书籍，还能偷偷哼唱民族歌曲。这些成果看来也许微不足道，并不能马上改变一个农村孩子、一个村庄乃至一个国家的命运。可玛丽亚相信她的辛劳和冒险都是值得的，这十几个孩子中也许有人在未来的某个时刻被渴求知识的强烈愿望指引，走上求学之路；也许有人仍然过着和祖辈一样的生活,劳作、结婚、生子,但他们一定会教给孩子波兰语和民族的历史,不忘自己是个波兰人。

每次下课的时候,玛丽亚都会收拾好教具,在窗口目送着学生们返家。寒冬的深夜里,十几盏油灯在乡间小路上散射出高高低低、摇摇晃晃的微光,渐次散去,隐于村舍。

充实的工作和纯真的孩子们让玛丽亚忘记了孤独,不知不觉她的打工生涯已近一年。1886年年底,寒假到来,佐洛斯基家的三个儿子先后返家,家里一下子热闹起来。长子卡西米尔在华沙大学攻读数学,学业出色。玛丽亚和卡西米尔几乎同时留意到对方的与众不同。卡西米尔看着这位家庭女教师:身材纤细,倔强美丽的头发洋溢着青春活力,既没有大城市女孩的高傲、造作,也不似乡下女孩那般愚钝、无趣。玛丽亚也对这位年长一岁半、身材瘦高、相貌英俊、温文尔雅的大学生充满好感。二人攀谈起来发现有着很多共同兴趣,从自然科学尤其是数学起,到实证主义、哲学思想、教育救国、未来梦想这些话题的契合让他们互相吸引。寒假里,他们一起跳舞、滑冰、骑马,渐生情愫。转过年的暑假结束后,两个年纪相仿、互相欣赏的年轻人相爱了。

爱情的炽热让两人迅速进入谈婚论嫁的阶段。他们商定先订婚,两年后卡西米尔大学毕业就可以结婚,一起回华沙生活。玛丽亚的留学梦被完美的婚姻憧憬冲散了。至于双方的家庭,二人笃定将得到祝福。斯科沃多夫斯基一定会喜欢这个帅气儒雅、精于数学的小伙子。佐洛斯基家对玛丽亚的态度更不需多虑,男主人欣赏,夫人疼爱，弟弟妹妹亲近，长女布朗卡更是玛丽亚的知己伙伴。在二人看来，这桩婚事简直就是顺理成章、天作之合。

卡西米尔兴高采烈地将订婚的好消息告知父母，期待着一家人欢欢喜喜商议婚礼一应事宜。哪知道，佐洛斯基先生瞬间瞪大了眼睛，腾地从沙发上跳了起来；夫人更是像听到噩耗一般，手扶额头，颓然瘫坐在沙发上，几乎晕厥过去。"娶一位家庭女教师？绝对不可以。"这样的答案，让两个热恋的年轻人始料未及。在佐洛斯基夫妇看来，家庭女教师和女仆、女工是一个阶级，门不当户不对的婚姻绝无可能出现在富贵之家。夫人甚至随即安排了几位富家千金介绍给儿子，意图断了他们的非分之想。

玛丽亚如坠冰窖。佐洛斯基夫妇表面上如此开明、思想进步、待人宽厚，可在儿女婚姻问题上却有着根深蒂固的阶级观念。尽管他们都很喜欢聪明、独立的玛丽亚，但阶级这道鸿沟横亘在他们心里，不可动摇。更让她伤心和失望的是，卡西米尔对父母的态度丝毫不敢抗拒，只有顺从，灰溜溜地返回校园。看似聪明、上进，和自己兴趣相投、梦想契合的青年，怎么会屈从如此狭隘的阶级观念和传统的家族势力？"你不是王子，我也不是灰姑娘，我们是平等的人！"玛丽亚在心里怒吼道。

她把满腔愤懑和委屈都写进了给姐姐们的家书中。布罗尼娅安抚并鼓励妹妹坚强面对挫折，时刻不忘留学深造的梦想。三姐海拉则有着类似的遭遇，也因出身贫寒，刚刚结束了一段不被祝福的爱情。佐洛斯基夫妇的偏见和卡西米尔的懦弱击碎了 19 岁女孩的初恋，玛丽亚遭受重创的心一下子关闭了，甚至暗暗发誓，今生不会再爱上任何一个人。

随后的日子压抑得让人喘不过气。佐洛斯基一家人都当作无事发生，一切照常。佐洛斯基先生仍然和玛丽亚探讨时事，夫人也关心如旧，孩子们也和她有说有笑，只有布朗卡略显尴尬。可这种心照不宣和欲盖弥彰对玛丽亚是一种心理上的折磨。她想逃离这个虚伪、势利的地方。但是布罗尼娅还在巴黎过着艰苦求学的日子，姐妹一体的留学计划不可能半途而废。玛丽亚强迫自己从令人窒息的痛苦中抽离出来，一心扑在自学上。除了继续教农民孩子读书，她把所有时间都用来给自己充电，等待着布罗尼娅完成学业，自己昂首离开佐洛斯基家的那一天。

两个梦想

玛丽亚强颜欢笑一天又一天，每月将一半工资寄给巴黎的二姐，自己也攒下一小笔钱，终于挨到了第三年。昏暗的岁月中，她从家信中得到了一些让人宽慰的消息：哥哥约瑟夫以优异成绩从医学院毕业；老父找到了一份收入不错的校长工作；布罗尼娅的学业很顺利，并表示自己也能打工贴补，不需要父亲和妹妹再寄那么多钱，省下的给玛丽亚留着将来出国用。斯科沃多夫斯基家的困境逐渐好转。

1889 年初，玛丽亚结束了三年的家教生活，礼貌地辞别佐洛斯基一家人，不舍地拥抱了送行的农民学生们，登上返家的火车。没人知道这个女孩貌似平静的表象下，隐藏着一颗充满抱负和感恩，隐忍和失望，支离破碎后用时间慢慢黏合的心。

阔别三年，父亲看到小女儿又长高了一点，性格更加成熟和内敛。玛丽亚发现父亲更加衰老了，这几年儿女们不在身边让老教师倍感孤独。玛丽亚明白，父亲的新职位是一家感化学校的校长，尽管薪资很好，但面对众多问题少年，工作绝不轻松。而年迈的他还能工作几年呢？约瑟夫完成了从医的梦想，布罗尼娅的梦想也近在咫尺，海拉终究会找到自己的幸福归宿，玛丽亚的留学梦被三年的痛苦经历稀释得似乎没那么重要了。在华沙找一份教师工作，陪伴父亲终老，也许是另一种选择。

与梦想渐行渐远的玛丽亚继续在华沙做着家教工作，过着波澜不惊的日子。唯一让她开心的还是和以前的姐妹们一起在流动大学里学习。三年过去了，流动大学不断更换着场所和老师，可那种对知识的渴求仍然在华沙的年轻人中间传承着。每天晚餐后和周日白天，玛丽亚都夹着书本，独自穿过街巷，走进一个小院深处的"工农业博物馆"。她到这里可不是参观，而是做实验。原来，这所博物馆由她一位堂兄负责，表面上是展示场所，实际上是流动大学的地下实验室。关好门窗，摊开书本，玛丽亚照着书上的实验说明独自操作着各种物理化学实验。奇妙的化学反应让玛丽亚异常兴奋，很简单的一次实验成功就能让她开心好几天，摆弄那些烧杯、试管、天平带来的愉悦和她幼年爬上桌子好奇地看父亲玻璃柜里的仪器时一样。她对自然科学的本能热爱和享受连自己都不曾察觉,只知道收拾好仪器返回家的路上,幸福无比。

1890年春,二姐布罗尼娅来信,告知这年暑假即将毕业,而且找到了自己的意中人准备结婚。巧合的是,

*

斯科沃多夫斯基与女儿们,左起:玛丽亚、布罗尼娅、海拉,1890年

未婚夫也叫卡西米尔。信的末尾，姐姐希望玛丽亚年底就来巴黎留学，住在她的新家里。姐姐的信激起了玛丽亚内心的波澜。但她已经答应过父亲在华沙陪他生活，父亲明显也希望小女儿留在身边，而且玛丽亚内心深处此时还有自己那个卡西米尔的影子。

不知何去何从的玛丽亚回信拒绝了姐姐的邀请，依旧在流动大学里，在书本上和实验室里延续着自己的生活节奏。在自学、实验和老师同学们的交流中，玛丽亚逐渐感觉到自己对自然科学的热爱，这份热爱让她渴望接触更前沿的知识、更丰富的思想和更先进的仪器。流动大学这一方小小天地实在有限。偶然间，一位流动大学的同学送给她一本讲述法国生理学家克劳德·贝尔纳生平的书。这位酿酒工人的儿子出身贫寒，年轻时一度迷茫不知方向，曾经尝试当个剧作家。29岁时，他经人点拨接触医学，年过三十才取得医学学位。42岁那年走进了索邦大学，任职医学教授，最终他成为医学史上著名的糖尿病研究先驱和生理医学的奠基人。贝尔纳一度彷徨后终于找到自己梦想的经历触动了玛丽亚。"走在索邦大学的校园里"，这段铅字从书页上飘浮起来，化作了玛丽亚想象中的图景：穿着黑礼服的老教授，夹着课本的学生，爬满绿植的古老教学楼，挤满人的阶梯教室，塞纳河上传来的汽笛声……

科学之梦在玛丽亚心底始终不曾消散，反而愈加强烈。而她也渐渐意识到，另一个萦绕心怀的国家民族复兴之梦也需科学技术发展来实现。启发民智需要普及科学教育，发展国力一定要更多的波兰年轻人投身科学研究，每个人都变好变强，整个国家民族自然会强盛。个人投身自然科学的梦想和国家民族复兴之梦在玛丽亚身上合二为一。梦想逐渐清晰，那个留学计划重新浮现。

1891年秋天，刚刚从华沙大学毕业的卡西米尔再次找到了玛丽亚。可他一如既往的懦弱和对家族的屈从让玛丽亚彻底断绝了对爱情的最后一丝牵挂。几十年后，华沙市民偶尔会看到市中心广场上那座居里夫人塑像下面，坐着一位沉思的白发老翁。已经成为著名数学家和波兰科学院院士的卡西米尔常来这里坐坐，没人知道他在想什么，或许有遗憾，或许只是回忆着那位19岁倔强女孩的模样。

斯科沃多夫斯基这几年看到了小女儿对科学的不懈热爱，也支持她圆了那个迟滞多年的留学梦。留学路上所有的障碍和困难都消失不见，可胆怯的玛丽亚想着自己已经将近24岁了，一切还来得及吗？最终她鼓起勇气又心怀忐忑地写信给二姐，"如果不添麻烦的话"，希望姐姐可以收留。

发明之路

经过中学毕业后8年的波折，玛丽亚终究还是回到了通往梦想之路。而这几年中，搬离巴黎闹市的皮埃尔也找回了自信。

皮埃尔改变的契机源自刚刚成立的巴黎市立工业物

理化学学校（以下简称理化学校）。校方急需实验教学人才，索邦大学的教授推荐了一向默默无闻却擅长实验科学的皮埃尔。在父兄的鼓励下，皮埃尔欣然就职。理化学校尚处初创，资金设备均显寒酸，作为首任实验室主任，皮埃尔负责筹备、自制实验仪器。除了管理一间小小的实验室，他同时还要担任物理学讲师，带一个30名学生的班级。学生们眼中，这位仅年长几岁、帅气羞涩的小伙子与其说是老师，更像位可亲的学长。正因为没有教授的派头，起初略显拘谨的皮埃尔很快就和学生们打成一片。松弛的课堂氛围，自由的争论，热闹的实验室，咖啡馆的畅谈，皮埃尔恢复了自信和专注的工作状态。

完成教学任务同时，他在楼道里一处堆放杂物的玻璃小隔间里做着自己感兴趣的课题实验，哥哥雅克偶尔回到索邦大学交流时，也抽出时间和弟弟继续他们前几年的发明创造。早在刚从索邦大学毕业时，皮埃尔和雅克就开始关注晶体研究。两兄弟从幼年就在父亲的影响下爱上大自然的一切。雪花、花朵、树叶、矿物晶体展现出的对称性的美让皮埃尔着迷。接触自然科学后，他深信这种奇妙的大自然特性不仅体现美学意义，一定还潜藏着某些科学规律。借助雅克在矿物学系任职的便利，二人搜集大量晶体研究其性质。

居里兄弟首先留意到前辈科学家发现的热电效应，即温度变化会导致晶体产生电压。他们猜想热电效应与晶体的形变有关，随即对石英、黄玉、蔗糖、电气石等各种晶体展开实验，发现了这些物质被压缩时，机械形变会导致电压的产生，其中效果最明显的是石英。由此，1880年居里兄弟发现了压电效应：某些电介质在沿一定方向上受到外力作用而变形时，其内部会产生极化现象，同时在它两个相对表面上出现正负相反的电荷，当外力去掉后，它又恢复到不带电的状态，晶体受力所产生的电荷量与外力的大小成正比。随后，居里兄弟对压电效应做了定量分析测量，得到了压力与电压的精确数值关系。1881年，听说居里兄弟的研究成果后，在光学、热学、电学等领域的著名物理学家、索邦大学教授加布里埃尔·李普曼推测，压电效应的逆效应也应当成立。居里兄弟随即开始实验，果不其然，1882年他们验证了李普曼的推测。逆压电效应是指对晶体施加交变电场引起晶体机械变形的现象。此效应中晶体形变方式多样，石英表现为良好的厚度和长度变形。多年精于实验科学、敢于发明创造的居里兄弟基于压电效应的研究发明了压电石英静电计。

压电效应的发现和静电计的发明并没有让居里兄弟声名鹊起，只因以当时的科学技术发展条件还没能体现出其巨大的应用价值。21世纪的今天，大到电子工业、声呐系统、气象探测、遥感监测，小到我们熟悉的麦克风、石英表、打火机、喷墨打印机，其工作原理都基于压电效应。压电石英静电计的优势在于可以测量极其微小的电量，与皮埃尔日后另一项发明——不依靠砝码而是显微镜、精度可达0.1毫克的天平一样，在发明之初没显示出什么重要用途，直到十几年后才展现出其在精密测量方面的巨大威力。

*

皮埃尔操作他发明的静电计

和哥哥分开、任职理化学校后,皮埃尔将兴趣转到磁学。顺着热电效应的思路,他开始研究物质磁性和温度之间的变化规律。皮埃尔发现,随着温度的升高,具有强磁性的铁磁体可转化为具有弱磁性的顺磁体,顺磁体的磁化率与绝对温度成反比。这就是今天的中学物理课本上出现的居里定律，而铁磁性物质转换为顺磁性物质的临界温度被称为居里点（又叫作居里温度）。

静电计、居里天平、居里定律、居里点，这些科学史上的重大发明和发现，看似不难理解也不难操作，为什么不是出于当时那些成名已久、经验丰富的科学家，而是出自初出茅庐的无名之辈呢？答案除了皮埃尔兼具理论物理学家和实验科学家的优良素质，他天生的细致敏锐和奇特的专注力，更重要的是他以科学为终身梦想。这个梦想是纯粹的，不以名利为终极目标，只为探索未知；这个梦想是幸福的，从端详手心里将要融化的雪花到发现一条伟大定律。"将生活变为梦想，再让梦想照进现实。"将科学视为生活中最重要部分的皮埃尔，如此总结自己青年时代的人生信条。

皮埃尔享受着追寻梦想的纯粹与幸福，玛丽亚则刚刚踏上逐梦之路，相隔1500公里的两人梦想越来越清晰，距离也越来越近。1891年冬，华沙火车站，开往巴黎的列车四等车厢外，玛丽亚向送行的父亲、哥哥和三姐一一道别。"早点回来！"斯科沃多夫斯基不舍地抱了抱小女儿。玛丽亚没有哭，她已经不是小女孩了，自己选的求学之路再苦再难也要走下去，要像中学毕业那样骄傲地学成回家。汽笛长鸣，玛丽亚匆匆登上火车。四等车厢没有固定座位，四条长凳早已被坐满，她只得打开小折叠椅坐在一个角落里。听从二姐的嘱咐，玛丽亚把能带的一应家什都带上了。被褥、床单、毛巾、衣服、鞋帽、茶叶和旅途吃食装了满满两大包。车窗上的雾气使她望不见月台上的亲人，玛丽亚拿出一条毛毯裹在身上，伴着火车有节奏地晃动，昏昏睡去。

第四章

卧薪 1891

"快去吃饭,玛丽!"

只争朝夕

19世纪末的欧洲，科技、经济、文化、思想、文艺各个领域呈井喷式发展，同时暗流涌动、酝酿危机。

科学进步引领了时代发展。16~17世纪以伽利略、牛顿为代表人物的自然哲学家创立了数学与物理、理论与实验相结合的科学范式，引发了第一次科学革命。启蒙运动和工业革命随之诞生，思想大解放和生产力大发展使欧洲摆脱了中世纪上千年的愚昧和落后。进入19世纪，细胞学说、能量守恒定律、进化论的创立，形成了整个物理学、生物学等实验科学体系，被称为第二次科学革命。

科学革命直接导致欧洲各国技术、工业大爆发，众多发明层出不穷，深刻改变着人类生活，其中最伟大的是交通和通信方式的巨变。经过瓦特改良的蒸汽机除了应用于采矿业和纺织业，还促成了蒸汽机车的出现。蒸汽火车成为划时代的快捷交通方式，欧美各国铁路网络迅猛发展，大大提高物流和出行效率。内燃机的发明也让另一种我们熟悉的交通工具——汽车登上历史舞台，并将在20世纪成为人类的主要交通工具。而在19世纪末的几年，莱特兄弟已经开始研制飞机发动机，即将在新世纪大显身手。随着电磁学的发展，电话和电报这种远距离即时通信方式彻底改变了人类信息交流的时效。此外，白炽灯、摄影机、发电站、安全炸药、人造纤维、塑料相继被发明，人类从蒸汽时代大踏步迈进工业时代和电气时代。

科技、工业、交通和通信的急速发展促进了国力强盛，同时也滋养了国家霸权。英、法、德、俄等欧洲列强都蓄力发展工业、军事实力，在外争夺海外殖民地利益，在内彼此争端不断，试图成为欧洲霸主。

作为启蒙运动的中心，诞生了孟德斯鸠、伏尔泰、狄德罗等启蒙先驱的法国，在18～19世纪间，掀起了革命的浪潮。1789年法国爆发资产阶级大革命，法王路易十六被推上断头台，法兰西第一共和国建立。仅仅几年后，拿破仑发动政变并称帝，成立法兰西第一帝国。在位十年间，拿破仑横扫欧洲，多次击败反法联盟，沉重打击了欧洲各国的封建体系。拿破仑兵败被流放后，波旁王朝复辟，十几年后又被资产阶级发动七月革命推翻。七月王朝同样短命，又被二月革命推翻，法兰西第二共和国建立，拿破仑的侄子路易-拿破仑·波拿巴被推举为总统。1870年，自大的拿破仑三世愚蠢地发动普法战争后惨败，签下割地赔款的丧权辱国条约。激愤之下，工人和市民建立了巴黎公社反抗强敌入侵，却被资产阶级政权血腥镇压。随后的几十年，法国政局好似此前100年的缩影，保皇派和共和派你方唱罢我登场，内阁成员平均不到一年就要大换血。外战不利、内政不稳使得法国民族主义抬头，社会各阶层矛盾重重。

巴黎作为首都之于整个国家的权重，似乎高于任何一座首都城市，是整个法国的缩影和风向标。19世纪末的巴黎不仅是浪漫之都，还是思想文化汇集、碰撞之地。塞纳河的左岸（即南岸）聚集着各种书店、出版社、小剧场、美术馆、博物馆、咖啡馆、酒吧，是法国乃至欧洲新思想、新文化、新艺术的孵化器。古典主义、浪漫主义、自然主义、现实主义等思想和艺术流派在此碰撞；巴尔扎克、福楼拜、雨果、莫泊桑、左拉的小说在这里萌芽；柏辽兹、比才、德彪西的名曲在这里流淌；莫奈、雷诺阿、塞尚、高更的画作在这里溢彩。享誉欧洲的拉丁区是生产知识的学院区，因启蒙时代知识分子常以拉丁语交流而得名。这里坐落着始建于17世纪的法兰西科学院，是法国顶级的自然科学研究机构。尽管历史上出现过拉瓦锡、帕斯卡、拉格朗日、拉普拉斯、傅立叶、库仑、安培等赫赫有名的科学家，但因社会动荡、学术垄断以及法国社会重应用而轻理论的策略，法国自然科学发展在19世纪明显落后于英、德两国。巴黎大学中的理论物理教席仅有一位，除了数理领域的亨利·庞加莱和微生物学领域的路易斯·巴斯德以外，再无领军人物。即便如此，巴黎高等教育的教学环境和质量在欧洲还是首屈一指。

  波兰姑娘玛丽亚经过40小时的火车旅途，走在巴黎北站的月台上，终于见到梦想中的城市，呼吸到了自由的空气。来接站的姐夫叫了出租马车，将玛丽亚安顿在离车站不远处德意志大街的寓所中。玛丽亚来不及和布罗尼娅互诉久别之情，就出门坐上三匹马拉的双层公共马车，游览巴黎市区。宽阔热闹的香榭丽舍大道、馆藏丰富的卢浮宫、叹为观止的巴黎圣母院，建成仅两年的埃菲尔铁塔刷着棕红色的亮漆，晚间则被数千只电灯点亮，让玛丽亚炫目不迭。拉丁区果然像姐姐信中描述的那般迷人，街巷中弥漫着油墨香和咖啡香。迫不及待走进索邦大学时,玛丽亚几乎落泪,看书时自己幻想的"走在索邦大学校园里"的场景,终于成真。

1891年11月3日,玛丽亚在索邦大学理学院注册成为新生。为了入乡随俗,她在登记时将玛丽亚(Maria)改为法语习惯的玛丽(Marie)。玛丽·斯科沃多夫斯卡在24岁的年纪,作为索邦大学这一年近两千名新生中的23名女生之一,开始了求学之旅。

容纳一百多名学生的阶梯教室和玛丽梦想中一模一样,站在讲台上的理学院院长保罗·阿佩尔也和梦想中一样睿智、优雅:黑色礼服上沾着白色粉笔末,留着花白的大胡子,戴着一副夹鼻眼镜。"如果我把太阳托起来再扔出去,我们的地球将会如何运行?"听到院长的问题,学生们都哑然失笑。"不要笑。"阿佩尔正色道,"阿基米德可以用棍子撬动地球,我们也可以把太阳扔出去!"说着,他双手抱圆做出很吃力的样子,走到窗边,把"太阳"扔了出去。坐在第一排的玛丽听得入神,双眼放光。这样的教学方式可比梦想中还要生动有趣。这一刻,她深信自己投身自然科学的信仰和8年波折后的选择是正确的,坐在索邦大学的课堂上是幸福和幸运的。

玛丽刚入学的兴奋和幸福没过几天就变成了沮丧和惶恐。原因是上了几堂物理课后,玛丽明显感觉很吃力,跟不上教授们的节奏。出于师资缺乏和政府压制,华沙的中学教学水平远低于巴黎,而玛丽在流动大学和自学获取的数理知识也都不成体系。更让玛丽惊讶的是,由于教授们讲课时语速很快,自认为法语过关、做家教时还曾教人学法语的她竟然听得似懂非懂。法语不过关，数理知识基础差，还是年已24岁的外国女生，玛丽强烈意识到和同学们的差距，只有比别人多付出几倍的努力才能赶上。

入学伊始，玛丽就抱定了发奋苦读的信念，要和时间赛跑。按理说，有姐姐和姐夫照顾食宿，玛丽尽可以全心投入学习。可仅过了三个月，玛丽却提出要搬出姐姐家。原因恰恰是姐姐、姐夫把玛丽照顾得太好了。姐夫卡西米尔·德鲁斯基比姐姐大十岁，在华沙学医时是位进步青年，参加了波兰抵抗运动，被统治者迫害只得流亡法国。相识、相恋、结婚后，夫妇俩在巴黎东北部的贫民区开设诊所行医，主要为周边的工人和屠户看病、接生。卡西米尔思想进步、性格外向，结交了旅居巴黎的波兰思想家、艺术家、音乐家，常常在家中举办聚会。听从妻子的叮嘱和岳父大人信中的托付，卡西米尔想着一定要照顾好玛丽。他发现玛丽刚刚开学就天天抱着书苦学，连大门都不出。无论是站在医生的角度还是亲人的立场，卡西米尔觉得这位"书呆子小姐"如此刻苦会把身体搞坏。于是，他隔三岔五就要拉着小妹妹看戏、逛美术馆或参加波兰人的聚会，试图缓解玛丽的学习压力。可玛丽却烦恼不已，自己已经耽误了8年青春，如今为了赶上学习进度恨不得一天能有25个小时才够用，哪有时间消遣？姐夫在家里办聚会时更是热闹非常，搞得玛丽连读书的空间都没有，就像小学时被寄宿生们搅扰而无法专心一样。此外，姐姐家离学校很远，每天上下学要坐两小时公共马车。尽管玛丽通常选择车费便宜一半、四处透风、异常寒冷的顶层车厢，一个月下来也要花费二三十法郎。更重要的是，往返交通浪费了玛丽无比珍贵的时间。

不顾姐姐、姐夫的劝阻，玛丽执意到学校附近的拉丁区里租房准备搬家。车费省下来了，食宿问题接踵而至。父亲每月寄来40卢布（折合约100法郎），拉丁区普通的公寓租金就要用掉一半。玛丽走街串巷终于找到一家可能是全巴黎最便宜的住处。小阁楼位于一幢6层公寓的顶部，原本是仆人的房间，倾斜的天花板甚至让人直不起腰。不过，乐观的玛丽很喜欢那扇大大的天窗，不仅采光充足，还让没有暖气且不保温的小屋多一点暖意。玛丽吃力地将两大袋煤球扛上六层，可她轻易不舍得烧炉子。房间里的陈设简单至极，一床、一桌、一椅，如果来了客人都没地方坐。日常用品也只是满足最基本生活必需：一个水桶、一个脸盆，一盏做饭用的小酒精炉，一刀、一叉、一汤匙、两个盘子，一只水壶、三只杯子。酒精炉几乎没怎么用过，因为玛丽通常不开伙做饭。面包、黄油和从华沙带来的茶就是她一日三餐的标准配置，鸡蛋和巧克力这种"奢侈品"只有在犒劳自己时才会出现。从小不爱打扮的她，只要求整洁、端庄即可，衣裙破了就自己缝补，绝不可能买新衣服。为了进一步节省时间和金钱，玛丽下课后都会在学校图书馆自习到晚10点闭馆，因为那里有免费的暖气和灯光。步行回到小阁楼后，她还要继续读书到深夜。

在世界著名的浪漫之都生活，不进戏院、音乐厅，不泡咖啡馆、酒吧，不逛集市、公园，已经是常人难以想象的，可玛丽连日常社交都杜绝了。大学里不多的女生们聚会时根本请不到那位"斯科沃多夫斯卡小姐"，更别想访问她的住处。玛丽仅有的消遣就是在塞纳河边坐一会，或者探望姐姐时顺便到郊野徒步，时而想念起故乡的山水花草。

　　如此这般苦行僧似的生活让玛丽的学习成绩得以在入学几个月后迎头赶上，可也不出意外地让这个要强的波兰姑娘付出了损害健康的代价。寡淡的饮食、缺失的睡眠和超负荷的精力消耗让玛丽时常头昏乏力，终于在一天回家路上晕倒了。同学将她搀扶到小阁楼躺下，马上通知了她姐姐。姐夫满头大汗推开阁楼房门时，却看到玛丽正坐在桌前读书。卡西米尔急得直跳脚，赶忙询问病情并做了简单检查。看着玛丽苍白的脸色和一头虚汗，又查看了空空如也的橱柜，卡西米尔猜出个八九不离十。一番追问下，玛丽吞吞吐吐承认在过去的24小时内只吃了一点萝卜和樱桃，睡了4个小时。很明显，玛丽晕倒的原因是长期营养不良和睡眠不足导致的低血糖。"书呆子"要是出了差池怎么向妻子和岳父交代？这么想着，卡西米尔不由分说，将玛丽连搀带拖塞进出租马车。临出门，玛丽还不忘带上正在读的书。

　　一进家门，闻讯的姐姐也心疼坏了，赶紧下厨。一盘煎牛排和土豆下肚，玛丽的脸上渐有血色，姐姐、姐夫方才放下心来。玛丽自己并不在意，自顾自读起书来，直到晚上11点姐姐强行把灯关掉为止。在姐姐、姐夫"快去吃饭、快去睡觉"的反复命令下休养了仅一周，执拗的玛丽又回到自己的小阁楼，饮食作息依旧故我。寒来暑往,玛丽不舍昼夜地汲取着知识的养分,为了和时间赛跑连1892年暑假回华沙探亲的机会都放弃了。暑往寒来,巴黎求学已满一年,阁楼里最难熬的寒冬再次来临。

房顶漏风、墙壁单薄,水桶里的水都结了冰,阁楼里如冰窖般寒冷刺骨。睡觉时为了御寒,玛丽把所有衣服、毯子都翻出来盖在被子上,可这些衣物并不服帖,稍稍翻身就会散落一地。她环顾四下,有了主意。玛丽先将那把唯一的椅子拉到床边,然后将衣物重新覆在被子上,小心翼翼钻进被窝,伸出手、举起椅子,把椅子翻过来扣在被子最上面,最后慢慢缩回被子里。方法果然有效,玛丽逐渐有了暖意,却只能僵直在被子里一动不敢动。盯着那把倒扣的椅子,她不由得想起儿时大孩子们对自己恶作剧时搭建的椅子城堡。嘴角带着笑意,玛丽终于在巴黎的寒夜里沉沉睡去。

这种近乎自虐式的艰苦生活没有白费,玛丽的学习成绩在两年间从落后到领先,让同学和老师刮目相看。男同学们都留意到,这位姓氏不好读、留着东欧式盘发的波兰姑娘,上课总默默坐在第一排的学霸,不像法国女孩那般爱装扮、擅交际,可她俊朗的面部轮廓、倔强的头发、专注的神态都别具一种知性之美。同学中不乏爱慕者,向"冷美人"主动示好。玛丽对此毫无兴趣。那些人如何知道,品尝过初恋的苦涩后,玛丽早已心如止水。更重要的是,她因荒废8年时光而懊悔不迭,因立志投身科学事业而奋发苦读,因梦想着早日学成归国创一番事业而只争朝夕,怎么会容许任何干扰因素靠近？参加聚会、和人约会哪里比得上听阿佩尔教授讲天体物理和在李普曼教授的实验室里做电磁实验重要呢？

1893年7月，索邦大学的大礼堂内，理学院期末成绩公布大会上，院长宣读名单时第一个念出的名字是玛丽·斯科沃多夫斯卡。教授、同学们头一次见到这位平时内敛、端庄的波兰姑娘像疯丫头一样手舞足蹈跑出人群。以优异成绩获得物理学学位的玛丽骄傲地辞别姐姐、姐夫，踏上返回华沙的火车，归心似箭。时隔两年，老父亲看到消瘦的玛丽就知道小女儿在巴黎过着什么样的苦日子，但是得知学业出色后欣慰异常，留学巴黎这个选择被证明是正确的。玛丽回到父亲的身边和祖国的怀抱却是喜中有忧。她计划暑假结束后返回巴黎继续攻读数学学位，可是父亲已经因年迈辞去了校长一职，二姐则刚刚生了小孩也需要钱，自己的留学费用又成了问题。关键时刻有人雪中送炭解了燃眉之急。一位中学时期的好朋友得知玛丽的难处，暗自帮她申请了这几年刚刚设立的亚历山德罗维奇奖学金。玛丽离开波兰这两年，国际局势有了微妙变化，沙皇俄国自顾不暇逐渐放松了对波兰的控制，波兰科技、教育、工业领域得以发展，并出台了鼓励波兰学子出国深造的政策。玛丽出众的成绩让她顺利获得600卢布奖学金，足够留学一年半所需。出乎所有人意料的是，四年后，玛丽就用第一份正式收入偿还了这笔奖学金。这前所未有的举动惊呆了奖学金委员会秘书，因为奖学金不是助学贷款，本不必偿还。玛丽在信中说明了还钱的理由：因为受惠于奖学金得以完成学业，所以当有能力时就要偿还，这意味着又一位波兰学子有机会留学深造、报效祖国。即便玛丽没有成为闻名世界的科学家，秘书也会记住这位情深义重的波兰姑娘。

返回巴黎的玛丽开始攻读数学学位，延续着苦行僧一般的艰苦生活。她此前取得的优异成绩和表现出的坚韧性格受到了索邦大学教授的青睐。1894年春，物理教授李普曼接到法国工业促进会的委托，开展钢铁磁性的课题研究。李普曼一下子就想到在实验课上兼具细心、耐心、敏锐和创造力的波兰女孩，将重任委托给这位在读的大学生。玛丽第一次接触课题研究很兴奋，不会放过这个学以致用的好机会。搜集各种样品和实验设备后，她发现有个自己没能力解决的难题。李普曼教授的实验室已经被塞满了，放不下那许多样品和设备。急需找一间实验室的玛丽在巴黎并无人脉和资源，一时间手足无措。机缘巧合之下，一位旅法的波兰物理教授偶然听说了波兰女生的事迹和难处，主动找到玛丽。教授提起，他认识一位供职于理化学校的实验室主任，也许有空闲的实验室可用。巧合的是，这位主任在磁学领域颇有造诣，或许能协助玛丽这项课题研究。他的名字叫作皮埃尔·居里。

与世无争

与玛丽相比，皮埃尔在过去这几年的生活没那么困苦，但他却是精神上的苦行僧。

尽管他做出了卓越的发明和发现，在实验科学领域能力出众，可在法国科学界却是籍籍无名。一则是因为在重视工业发展、试图在欧洲霸权中竞争的法国，他的创造并没有直接产生应用价值，所以被人忽视。二则是法兰西科学院的老院士们重视资历，不会关注一个理化学校的实验室主任。三则是皮埃尔个性使然。在索邦大学求学和做助理以及到理化学校做主任期间，他对科学圈的日常交际、人情世故毫不在意甚至有些抵触。理化学校的校长很欣赏皮埃尔的品格，推荐他申请政府奖章却被他拒绝。在谈到科学界常见的发明权之争时，皮埃尔淡然表示"谁先发表没什么分别"。认识他的人曾评价他是"高尚的人"，只有极少数亲近的人才知道皮埃尔不是刻意追求圣人般的高洁，而是他的言行源于认知和信仰。科学研究之于皮埃尔只是本能的求知欲使然，荣誉和名气无法带给他更多的愉悦，反而被他视为繁文缛节的麻烦和趋炎附势的卑微。他甚至对学校里给学生的成绩排名次都颇有微词，认为那会压制有天分却不擅长考试的孩子。

对虚名天生的厌恶让他逐渐成为法国科学圈的局外人。可是墙内开花墙外香，皮埃尔的发明创造引起了英国科学界的关注。年近七旬、刚刚获得开尔文勋爵爵位的"热力学之父"威廉·汤姆森留意到皮埃尔的论文，来信请求得到一部居里兄弟发明的静电计。皮埃尔欣然赠送。随后访问巴黎过程中，开尔文勋爵特意拜访这位法国的无名小辈，看到理化学校窘迫的实验室环境，大为惊讶。

理化学校刚刚成立，不是高等院校，旨在为法国培养工程师人才，资金方面并不充裕。虽然校长很器重皮埃尔，却也只能给他提供一间简陋的学生实验室，而这位实验科学天才自己的研究场所只能设在楼道里原本堆杂物的玻璃小隔间。皮埃尔月薪仅300法郎，相当于一位熟练技工的薪资。可皮埃尔不觉得清苦，因为他从小受父母影响就是物欲极低的人。一日三餐，陪伴双亲，授课实验，皮埃尔自得其乐。除了徜徉于索镇优美、丰富的自然环境，他也热衷艺术。参观美术馆、听音乐会、读小说是他的日常消遣，左拉的自然主义小说最受他推崇，作品中用客观真实的写作手法体现出的自然科学和社会进步思想让皮埃尔着迷。

这位不争名、不求利、乐享科学本真的科学圈局外人，生活中也是独行侠。年过而立仍孑然一身的人在当时的法国实属少见。20岁那年，皮埃尔一位青梅竹马的女伴突然意外去世。备受打击的他开始疏远女性，长年过着单身生活。父母向来尊重孩子的选择，从不曾在这个问题上指手画脚。长此以往，皮埃尔形成了自己的一套刻板偏见。在这位年轻的讲师看来，大多数女人一辈子全身心都扑在生活上，没有自己的思想，在科学上无甚天赋，自己身边要是有女人只能是科学事业的累赘。所以当那位波兰物理教授找到他，请求帮助一位波兰女学生找实验室时，一向乐于助人的皮埃尔并没有答应得很爽快。"女学生？"皮埃尔皱了皱眉，"……好吧。"

第五章

邂逅 1894

"嫁给我吧,玛丽!"

灵魂相遇

"这位站在落地窗前、低头沉思的男子就是教授提到的实验室主任吧?他身材修长,一身黑色外套、一头利落的褐色短发、一副刚硬的胡须,乍看起来不像教授介绍的35岁年纪,似乎很年轻,只是有些冷峻不易近人。他盯着窗外,眼神有种游离和超然的感觉,不知道在想些什么。该怎么称呼他呢?啊,他看到我了。"

*

皮埃尔·居里

"哦,这位想必就是教授约来喝茶的波兰女生咯。与其说她身材苗条不如说是消瘦,脸颊凹陷显得蓝灰色的眼睛很大,金栗色的头发整齐地盘着,露出宽阔的前额,肯定是个聪明的姑娘。衣着朴素但洁净合体,交叉于身前的那双纤细的手上瘢痕累累,我猜是化学药剂的功劳。果然和教授形容的一样,这位波兰姑娘在索邦大学求学几年中吃了不少苦啊!"

1894年仲春时节一个午后,玛丽和皮埃尔在波兰教授的寓所相遇。落座饮茶后,她并不讲究法国社会和科学圈的所谓社交礼仪,直奔主题。他安静地倾听她讲实验室现状、研究课题,眼神逐渐专注起来。钻研磁性多年的他,感叹于这位还没毕业的女大学生对理论知识的掌握已经达到相当高的水准。而他偶尔给出的精当回应也让她钦佩其数理知识之渊博、思维之敏捷。从磁性到晶体,从实验科学到理论物理,从法国到当代欧洲科学发展,二人在科学领域的话题似乎讲不完。天色渐晚,二人辞别教授走出公寓时,都觉得意犹未尽。皮埃尔提出找个地方共进晚餐,继续愉快地交谈。

走上索邦大学一间食堂的台阶时,皮埃尔甚至主动搀扶了一下玛丽。在她看来,此举仅是常见的法国绅士礼仪。但对于向来疏远女性的皮埃尔来说,却是罕见的主动向女士示好的举动。玛丽对科学的理解能力和痴迷态度让皮埃尔内心顽固的刻板偏见松动了。二人边吃边聊,从科学话题转向了生活和社会。皮埃尔虽是纯正的巴黎人,却和这个外国姑娘一样有着强烈的疏离感。二人都热爱音乐、文学,可都不属于沉浸于大都会的浮夸和奢靡，而更愿意体会艺术作品中传达出的进步思想和力量。发展科学和教育才能真正启发民智、富强国家，是他们的共识。皮埃尔眼中满是欣赏之情。

走出索邦大学，天色已黑，皮埃尔礼貌地送玛丽回住处。走在拉丁区的大街上，玛丽聊起故乡、童年、父母兄姊，身旁这位中年男子让她有种莫名的信任和欣赏，愿意把藏在心里的悲喜分享给他。皮埃尔也变得健谈，生动地描述着在父亲带领下探索自然以及和哥哥一起发明创造的快乐，一家三口救治伤员的凶险。二人发现各自经历中有很多共同点，除了父母开明的教育观、热爱大自然、不信仰宗教而推崇实证主义，追求自由也是其中之一。这自由不仅是个体的，还是民族、国家、社会的。无论是玛丽面对压迫者的抗争还是皮埃尔对反抗暴政者的援助，都彰显着他们对自由、平等、博爱的追求。

步行至玛丽住所楼下，二人都觉得时间过得太快，似乎一肚子话仅仅开了个头。尽管皮埃尔没法承诺提供一间独立的实验室，但他随时欢迎她光临理化学校那一小方天地，继续讨论科学以及提供技术支持。告别时，皮埃尔莫名其妙地问了句："学业完成后，你会留在法国吗？"话已出口，皮埃尔才意识到二人第一次见面这么问有些突兀。波兰姑娘从台阶上转过身，平静、笃定地答道："波兰人无权抛弃祖国。"此时皮埃尔的眼神里竟流露出一丝不舍，不舍这次短暂会面的结束，更不舍玛丽不久后将离开巴黎。

4月的巴黎春色正好、夜色正浓，错过公共马车的皮埃尔走在回家的路上，心情雀跃。将满35岁的他爱上了刚过26岁的她。按理说，一见钟情这种事不可能发生在皮埃尔身上。可就在这一天，对女性的偏见、对爱情的排斥都被波兰女学生的出现瞬间击碎了。

但她没有一下子爱上他，或者说，爱情这件事根本没出现在玛丽的心里，学成归国是她全部的梦想。可皮埃尔赢得了她的好感，他的俊朗、博学、儒雅、亲切，尤其是他立于窗前沉思时那超然的思想者神态，深深印在玛丽脑海里。

在随后的几次巴黎物理学会的会议上，玛丽和皮埃尔相伴坐在听众席上，彼此交换感想。皮埃尔邀请玛丽参观了自己的实验室和小隔间，顺便教会了玛丽使用自己发明的静电计。他的电磁学知识对她的磁性研究大有助益，而她在实验科学上的敏锐直觉、细心、耐心也让他惊喜不已，皮埃尔似乎找回了当年和哥哥一起做发明创造时的默契感。事业搭档和灵魂伴侣的双重期许让一贯内向的皮埃尔大胆展开了追求攻势。这位学者送给意中人的第一份礼物不是华衣美饰，也不是鲜花糖果，而是自己的一本新作《论物理现象中的对称性原理》。换作一般的巴黎女孩必定嗤之以鼻，玛丽却不胜欣喜。皮埃尔乘胜追击，提出登门拜访的要求。玛丽俏皮地提醒他："要准备好爬100多级台阶哟！"

在当时的巴黎，单身女子邀请单身男子到家中做客是不得体的行为。玛丽和皮埃尔毫不在意这些陈规陋习。爬上六楼，皮埃尔左手抱着一本左拉刚出版的新书，右手举着一束从索镇采来的雏菊，敲响了那扇窄门。玛丽迎进来客，拖出一只大箱子权当座椅，用小酒精炉给皮埃尔煮上从华沙带来的茶。皮埃尔边喝茶边打量着区区几平米的房间，一身寒衣却充满活力和斗志的波兰姑娘与这陋室真是无比和谐。她不卑不亢，他不傲慢不做作，在从天窗照射进来的初夏阳光里，二人推心置腹地谈起各自的未来。说到个人前途和国家发展，皮埃尔再次迫不及待抛出那个是否离开法国的问题。玛丽则仍然给出"无权抛弃老父和祖国"的答案。不善言辞的皮埃尔憋红了脸，像小孩子一样争辩道："可你也无权抛弃科学！"玛丽何尝不知道返回波兰就意味着离开了顶级学术圈子，无法延续前沿科学研究，何尝不明白皮埃尔的爱意，可她很难说服自己就这么改变当初的志向。在她心里，留在巴黎意味着背叛。送走皮埃尔，玛丽坐下来翻开他送的书，端详着桌子上他带来的嫩白鲜黄的雏菊，柔肠百转。

1894年7月，玛丽再次以第二名的优异成绩获得数学学位，带着隐隐的牵挂和复杂的心情返回故土。到家没几天，皮埃尔的情书就追来了。一封接一封书信追随着在华沙各地访亲拜友的玛丽，信中的皮埃尔时而像个二十出头、求爱不得的毛头小伙回忆着二人在巴黎相处的美好点滴，时而像老教授一样力陈利弊、苦劝玛丽回法国发展。终于，急不可待的皮埃尔在信中说出那句："嫁给我吧，玛丽！"没有求婚仪式，没有戒指鲜花，只有一颗失魂落魄的心。玛丽回寄了一张自己的照片，却没有答应他的求婚。"和你的家国梦比起来，科学梦显然更容易实现……只有在法国才不会埋没你的天赋……在这里可以继续你的研究，还可以同时做中学教师……我们一起……"皮埃尔说的都没错，可玛丽难以割舍老父和祖国，那种犹疑之情和当年准备留学巴黎前一样折磨着她。

10月，在老父的支持下，玛丽还是决定再赴巴黎。理由之一是那项磁性研究还没有完成，理由之二是皮埃尔的深情，尽管她不愿意承认。回法国后，玛丽暂住在姐姐家中，在李普曼的实验室和皮埃尔的小隔间里继续自己的课题研究。皮埃尔则一番忙乱，一边在理化学校授课、带实验，一边协助玛丽的课题，还要继续自己的求婚攻势。面对玛丽迟迟不表态，皮埃尔甚至提出了两条方案：第一条，如果玛丽不同意结婚也可以成为知己和工作伙伴，二人租一套公寓分房而居；第二条，如果玛丽课题结束仍要回国，那么皮埃尔可以追随至波兰，为了交流可以自学波兰语，为了生计可以做法语教师。第一条卑微且荒唐，第二条不切合实际，玛丽哭笑不得之余，已经被这个痴情的书呆子打动了。

直截了当无果，皮埃尔又展开了"曲线救国"方案。他每次拜访玛丽时都要私下求布罗尼娅帮忙劝妹妹同意。耳闻目睹许久，二姐对皮埃尔的品格和能力都十分认可，于是开始在妹妹耳边吹风。有了二姐这个强有力的盟友，皮埃尔顺势邀请二姐和玛丽一起拜访索镇的家。

穿过户外的花园，玛丽第一次走进皮埃尔的家。老居里医生和夫人热情招待了来自波兰的朋友。一番交谈后，玛丽明显感觉到皮埃尔的父母和自己的父母有相似之处。皮埃尔厌恶政治，老居里医生却像个热血青年，和玛丽谈起波兰发展和国际局势相当投机。皮埃尔有病在身的母亲一边尽力张罗饮食待客，一边观察着玛丽的一言一行，忍不住和布罗尼娅耳语着："世上再难找到一个和我的皮埃尔如此般配的灵魂了，他俩在一起必定会幸福。"

皮埃尔的努力像剥洋葱一般一层一层去除了玛丽的心魔。亲友们无不赞同二人的完美结合。哥哥约瑟夫从华沙来信劝慰小妹妹不要忘记儿时母亲讲过的肖邦的事迹："你的灵魂永远属于波兰，永远是斯科沃多夫斯基家的小妹妹，我们不会停止爱你。"玛丽艰难地做了留在法国发展的决定，但在她心中，祖国的地位无可替代，在日后漫长的工作生活中，她也践行了这一信念。

从此，玛丽和皮埃尔走进了彼此的生活。他帮她搞科研，她督促他把此前的磁性研究整理成论文以考取博士学位。1895年5月，索邦大学的阶梯教室里，玛丽旁听了皮埃尔的博士论文答辩。他站在讲台上阐述着不同温度下物质的磁性改变，以李普曼为首的三位导师坐于台下认真倾听。论文宣读完毕，导师们和皮埃尔热烈交流着看法。皮埃尔的陈述语速舒缓、有条不紊，导师们的提问睿智且充满思辨，坐在后排的玛丽听入了迷。那一刻，她感觉到人类顶级的思想和智慧在这个空间里激荡。"有一天，我也要像皮埃尔一样。"投身科学和与皮埃尔的结合让玛丽感觉到双重幸福。

皮埃尔和玛丽，1895 年

拥有相似的家庭教育理念，同样经历初次感情挫折后发誓摒弃爱情，同样经过迷茫后觉醒，以科学为信仰和终身志业，相隔千里的玛丽和皮埃尔兜兜转转最终走到了一起。与其说冥冥中自有天意，倒不如说玛丽从幼年国破家困的经历中萌生的科学梦和家国梦大概率会将她引向法国留学之路，而在法国科学圈子注定会遇到那个相似的遁世之魂，并彼此吸引。灵魂契合，梦想匹配，爱情和事业之路上皆为良伴，玛丽和皮埃尔的未来充满希望。

获得索邦大学博士学位后，皮埃尔被理化学校任命为物理学教授，年薪涨至6000法郎。二人和家人商量，准备步入婚姻的殿堂。

单车蜜月

1895年7月26日，巴黎街道上一辆双层公共马车的顶层，坐着当天全城最幸福的两个人。皮埃尔独自登门接上玛丽，同往索镇。在镇民政厅注册为夫妻后，两位新人步行回到皮埃尔家，接受亲人们的祝福。没有宗教仪式，没有婚纱、婚戒，没有盛大的喜宴，皮埃尔身着论文答辩时穿过的黑礼服，玛丽的嫁衣是深蓝色长裙和浅蓝色条纹衬衫。当布罗尼娅的婆婆主动提出给玛丽做新婚礼服时，玛丽则只有一个要求：新衣必须能在实验室工作时穿。无论是19世纪末还是今日，多少女孩子都梦想着穿上白色婚纱的那一天。可玛丽认为婚礼是给别人看的短暂虚荣，爱的充盈不需要婚纱和婚戒的装扮。前来祝贺的除了居里家的双亲和哥嫂，玛丽的老父、二姐夫妇、三姐，玛丽在大学时的挚友，皮埃尔在理化学校的少数同事，再无旁人。布罗尼娅、海拉帮衬着老居里夫人准备了简单的家宴，女人们坐在花园里闲聊，男人们在草地上玩滚球。波兰老教师终于看到小女儿学业有成、喜得佳偶，高兴得合不拢嘴，挽住法国老医生的手诚恳说道："我的小女儿从不惹我生气，将来也会是您的乖女儿。"

*

居里夫妇单车蜜月之旅

简短、温馨的家宴结束，玛丽的老父和三姐到布罗尼娅家小聚几日，两位新人随即开始蜜月旅行。他们的交通工具是两辆崭新锃亮的自行车，那是用玛丽一位堂兄寄来的礼金购置的。皮埃尔穿上常服，玛丽换上剪短裤腿的利落裙裤，戴一顶别致的小帽子，穿一双软底便鞋。皮埃尔的车把上挂着一个皮包，装上挡雨用的长斗篷，玛丽则用花园里采来的花朵装饰自己那辆车。从索镇出发，二人在巴黎周边的原野、山林骑行，随兴所至、随遇而安。午后，他们在草地上野餐，吃着面包和奶酪；傍晚找家旅店投宿，能喝上肉汤、吃点水果。次日清晨，把单车寄存在旅店，二人徒步出行。玛丽扎紧裤腿，腰上系一条缝了几个口袋的宽腰带，里面装着指南针、小刀、手表、现金等户外用品。皮埃尔像个讲课的教授一样，背着手在前面引路，大谈自己多年来对晶体和对称性的研究心得，玛丽像个小学生一样跟在后面，会神地听着丈夫那些令人着迷的思考。对称性的确是迷人的，皮埃尔不仅从自然现象展现的美学观感发展到实验科学上的应用，还延伸到理论物理学中更深奥的思想。经过后世几代科学家的探索，对称性原理、宇称守恒、宇称不守恒各种新理论依次诞生，对称性成为现代物理学、数学诸多分支领域的理论基础。伴着花香鸟鸣，拨开枝蔓信步而行，探讨着人类智慧能触及的宇宙奥义，这是属于玛丽和皮埃尔的终极浪漫。

二人行至一面池塘边，已近午时，便停下小憩。玛丽躺在池塘边的草地上，摘一片大树叶盖在头上，在烈阳下轻轻睡去。皮埃尔沿着池塘边漫步，小心地爬上一棵倒伏并延伸至湖中的大树,伸手去采湖中的睡莲。没过多久,玛丽突然感到手心里一阵冰凉黏湿,惊醒过来。手中的一只小青蛙受到惊吓,三蹦两蹦跳进湖里。玛丽坐起身来,发现身旁是正半躺着端详自己的皮埃尔,像个恶作剧得逞的孩子般傻笑着。再一摸头,玛丽摸到个用白色睡莲和黄色鸢尾花编成的花环。

工作生活

浪漫、别致的单车蜜月之旅结束后,玛丽和皮埃尔开始了新的生活。他们租下了一所三间小屋的新居,选中这里的原因是楼下有个大大的花园。二人的婚房用家徒四壁形容也不为过,简直就像玛丽求学独居时那间小阁楼的加大复刻版。没有镶板墙面、法式沙发、华丽窗纱,客厅里只有一大张没上漆的原木桌子,两把木椅表示主人没打算接待客人。那张大桌既是餐桌又是书桌还是实验台,上面摆放着一盏油灯和一瓶花。

玛丽·斯科沃多夫斯卡小姐变为玛丽·居里夫人,初为人妻的玛丽对新角色还有些不适应,第一个难题就是煮饭。从小在母亲、大姐、二姐的分别照顾下,她根本不懂厨艺,也没兴趣。单身时随意怎么凑合只为饱腹,如今两个人长期生活,玛丽只得硬着头皮学习煮饭。她买了菜谱,像研究科学课题一样学习,像化学实验一样记下各种食材的分量、烹调时间、火候等数据,一有空还向二姐和婆婆请教做饭的窍门。玛丽的科学天赋在厨艺方面毫无助益,常常受困于"煮肉时冷水下锅还是开水下锅"这种常识问题。而最让她头痛的是，做一顿饭太浪费时间了。且不说按照法餐的烦冗标准，就算按日常老百姓一日三餐的备餐、煮饭、收拾的正常节奏，一顿饭下来也要耗费两三个小时。视时间为生命的玛丽无法容忍，于是她开发了一种"文火慢炖法"把自己从灶台边解放出来。把肉类、蔬菜放进炖锅里，开最小的火，煮上三四个小时不需人照看，这种懒人做法成为居里夫妇家的日常习惯。很幸运，男主人对饭菜的口感没有要求。玛丽不是传统意义上的家庭主妇，皮埃尔也不是大男子主义丈夫，二人对物质生活的要求向来极低。

每个工作日，玛丽做着自己的课题研究，皮埃尔在理化学校授课。傍晚时分，玛丽准备中级教师资格考试，皮埃尔为次日的教学备课。二人就那么安安静静在桌前对坐，灶台上的大锅里咕嘟嘟地煮着饭，直到食物的香味儿飘进客厅。晚餐后，夫妇二人常会下楼到花园里看看花草，挽着手散步、闲谈。就寝前的夜读也是二人的固定项目。没有宗教信仰的他们，在周日往往会看望二姐夫妇或老居里夫妇，偶尔会看看戏、听音乐会。平淡、充实的一日复一日，这就是他们想要的幸福。一年后，1896年8月，玛丽不出意外地以第一名的成绩考取中级教师资格。这意味着玛丽未来可以在巴黎的女校做教师了，二人为了庆祝，照例安排了一次骑车旅行。

1896年底，幸福生活孕育出了爱情的结晶。玛丽的孕期反应很强烈，加之婆婆的病情突然加重，皮埃尔一时间忙得焦头烂额。斯科沃多夫斯基闻讯后从华沙赶来照顾女儿，安排她到法国西北海岸的布列塔尼一家港口度假旅馆休养，皮埃尔则回索镇帮父亲照顾老母。这是玛丽和皮埃尔新婚后第一次分别，二人像热恋中的小情侣一样挂念着对方，在书信中互诉衷肠。"我挚爱的、亲爱的、可爱的小姑娘"，皮埃尔信中的开头如此称呼；玛丽在回信中还抱怨着一本书很难懂，有丈夫在身边给讲解就好了。酷暑8月，皮埃尔忍不住思念，跑去海边看望爱妻。两位准父母毫无经验，还要任性地骑车旅行，老斯科沃多夫斯基都拦不住。最后还是因为预产期临近，身体状况让他们不得不草草收兵。

1897年9月12日，玛丽诞下一名女婴，取名伊雷娜。居里家罕见地开了瓶香槟庆祝小公主的到来。初为父母的二人顿时手忙脚乱，在实验室里心灵手巧的他们换起尿布来却是笨手笨脚。皮埃尔忙于工作和照顾病危的母亲，玛丽一个人应付不来，不得已之下他们雇了保姆来照顾孩子。可孩子只要离开视线没多久，玛丽马上担心起来。没过几日，皮埃尔的老母因病去世。二人为了安慰悲痛中的老居里医生，将他接来同住。多了一老一小，一家人搬到了巴黎市郊凯勒曼大街一间更大住所，与索邦大学的年轻物理学教授让·佩兰为邻，两家花园相通，关系融洽。老居里医生乐得帮忙照看小孙女，成了伊雷娜第一位老师和朋友。

大喜大悲、忙忙乱乱之际，玛丽坚强地扮演着妻子、母亲、女儿、学者、主妇、管家多重角色。学习如何做母亲是她的新课题。伊雷娜的第一次长牙、翻身、站立、走路、说话、生病、欢喜、难过、恐惧、发脾气,都被玛丽如同做实验研究一般详细记在本子上。忙碌一天后,玛丽都要给小公主洗澡,然后抱着哄她入睡。端详着甜甜入睡的孩子,玛丽笑着让丈夫看女儿的头发:和自己的一样蓬松不服帖。"这孩子会不会像我一样爱上科学呢?"玛丽不止一次这么想着。可以肯定的是,伊雷娜的童年不会像玛丽那样困苦多难。

有保姆和老居里照顾女儿,玛丽很快就恢复了工作状态,继续做她的课题研究。1897年底,工作终于完成,玛丽的钢铁磁性研究报告提交法国工业促进会。报告获得了李普曼教授和委托方的认可,玛丽获得了第一份正式研究收入1500法郎。这笔钱恰好相当于600卢布,玛丽一分不留,即刻寄给了华沙的奖学金委员会。她深深觉得自己的留学之路是正确的和幸福的,所以更愿意看到另一位波兰学子像自己一样,出现在索邦大学的校园里。

1897年是玛丽走上梦想之路伊始硕果累累的一年,她收获了宝贝女儿和第一份科学专论。接下来,她面临着未来的职业选择:做中学教师还是攻读博士学位。玛丽选择了后者,她对旁听丈夫博士论文答辩时的美好憧憬念念不忘,而且当时法国科学界还没出现过一位女物理博士。皮埃尔很支持妻子继续深造,因为在两年多的工作生活中,玛丽在课题研究中展现出一位卓越实验科学家的天赋。为了帮玛丽的博士论文选题,皮埃尔找来了大量的科学期刊,二人一起研究当下前沿课题。19世纪末,欧洲科学家最热门的研究方向是电磁学,德国人在此领域抢先做出了很多惊人的探索。玛丽首先注意到两年前的一篇论文。德国物理学家威廉·伦琴发现了一种奇异的射线,因始终不明其来源所以借用数学里代表未知数的字母将其命名为"X"。

第六章

精灵 1902

"它太美了,玛丽!"

神秘射线

"魔鬼!魔鬼!"1895年12月22日晚,伦琴教授的实验室里,教授夫人惊恐地对着屏幕喊道。屏幕上显示出一只手掌的影像,夫人根据手指上的戒指断定是自己的手,但是图像中只有骨骼没有血肉。19世纪末的人第一次看到这种影像,无疑会心生恐惧,误以为是死亡的征兆。伦琴教授赶忙安抚妻子,解释说这种诡异现象源自一种刚刚发现的未知射线。

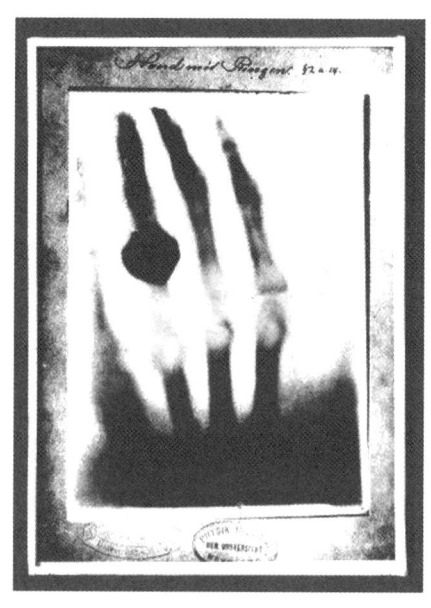

*

第一张 X 射线照片

威廉·伦琴是一位出身平凡、学业并不顺利却刻苦、严谨的德国物理学家。在世纪之交那几年，他和欧洲各国的物理学家都在关注同一个课题：阴极射线，他们的实验室里都放置着一个克鲁克斯管。阴极射线是一个困扰科学家们几十年的谜团。早在1838年，发现电磁感应现象的英国科学家迈克尔·法拉第在一个空气稀薄的玻璃管两端通上高压电时，观察到一条始于阴极、终于阳极的弧光。20年后，德国物理学家海因里希·盖斯勒用改进的真空泵制造一个气压极低的真空管，复制了法拉第的实验，发现管中充满了绿色的辉光，而不是弧光。又过了20年，英国科学家威廉·克鲁克斯研制了真空度更高的"克鲁克斯管"，在放电实验中发现阴极端一片黑暗，远端的阳极附近的玻璃管却发荧光，而且阳极位置上物体的阴影投射在后面的管壁上。科学界将这种从阴极发出、直线传播、肉眼观察不到的东西命名为阴极射线。因为设备精度各异、研究方法不同，科学家们对它的本质众说纷纭，德国科学家倾向于是一种电磁辐射，英法科学家则认为是一种带负电的粒子流。

1895年11月8日晚，伦琴照例接通了真空管的电源，准备继续研究阴极射线的性质。无意中，他用余光发现了一个奇怪的现象：距离一米以外实验台上一块涂了荧光物质的屏幕发出了微弱的绿光。设备出问题了吗？阴极射线逃逸了？如此想着，他用一块黑纸板将真空管封好，再一转头：荧光屏仍然在发光！切断电源后，荧光随即消失。严谨的他马上将窗帘拉上，把荧光屏置于不同位置，甚至挪到了隔壁房间，结果都是一样，不同位置的荧光屏同样在接通电源后发出微光。敏锐的伦琴教授意识到让荧光屏发光的绝不是阴极射线，而是一种不为人知的新东西。

随后近两个月时间，伦琴把自己关在实验室里全神贯注研究这种新现象，一日三餐安排助手送来，晚间就睡在简易床铺上。到底是什么神秘的东西从真空管逃了出来，看不见、摸不着，还能穿透纸张、木板？伦琴边苦思着，边伸出手在荧光屏前晃动着。更加神奇的一幕震惊了他：荧光屏上现出他手掌的影子，确切地说是骨骼的影像！基于物理学家的素养和持久的研究，伦琴并没有像普通人那样恐惧，他明白这种神秘的东西是从真空管里发射出的射线，可以穿透血肉而不能穿透密度比较大的骨骼。对于这种具有奇特穿透力的射线的本质，伦琴一无所知，只得将其命名为"X射线"。对丈夫长期不回家心生怀疑的伦琴夫人前来探望，于是她经受这种神秘射线15分钟的照射后，拍下了人类历史上第一张X射线照片。

1895年12月28日，德国维尔茨堡物理学和医学学会的会刊上，伦琴发表了题为《一种新射线（初步报告）》的文章，随即引起了科学界的轰动。各国科学家纷纷复制伦琴的实验，成功拍出了各种各样的X射线片子。X射线的穿透成像特性让医学家们瞬间意识到其在医疗领域的价值，无意中引发了一场医学革命。在完全不了解其本质的时候，各国医生们已经开始利用X射线成像给患者探查弹伤和接骨。而始料未及的是，X射线的出现也给公众制造了如伦琴夫人一样的恐慌。戴上X

射线眼镜能透过衣服看到人的裸体？人出门必须穿上 X 射线防护服？X 射线能不能把书本上的知识发射到学生们的脑子里？比起这些奇思怪想，科学家们更想搞清楚神秘射线的本质。

今天的我们已经知道，阴极射线是阴极金属在电压下发射出的电子流，X 射线是阴极射线撞击出金属原子内层的电子导致外层电子跃迁至内层时发出的一种频率极高、波长极短、能量很大的电磁波。但在当年，科学家们还未探知原子内部的真实结构，这两种射线的本质都还处于粒子流和电磁波的争论之中。1896 年 1 月，庞加莱在法兰西科学院例会上宣读了伦琴的报告，展示了那张著名的照片，引起了台下一位听众的兴趣。而这位听众恐怕是当时法国最适合研究 X 射线性质的人选。

亨利·贝克勒尔生于巴黎的一个科学世家，祖孙三代都是物理学教授，祖父和父亲历任巴黎自然博物馆馆长，37 岁时他被选为法兰西科学院院士。更为有利的是，贝克勒尔家族三代都是公认的磷光研究权威。当某种物质经某种波长的入射光照射，吸收光能后会激发出冷光，入射光停止后冷光随即消失的现象称为荧光，入射光停止后冷光仍持续发生的现象称为磷光。拥有三代磷光研究经验和自然博物馆的丰富样品资源，贝克勒尔顺理成章地开始研究神秘的 X 射线。

复制伦琴的实验后，贝克勒尔认为磷光物质在发出可见光的同时可能也产生 X 射线。他马上设计了自己的实验，根据经验选取了产生磷光现象最强的含铀矿物，将铀盐粉末置于一块用黑纸包裹的溴化银底版上放在阳光下暴晒，以期得到成像结果。几小时后，他如愿得到了矿物粉末的显影。这似乎证明他的设想正确，磷光物质也能发射X射线。他想得到更清晰的影像，随即在底版上放置了一枚硬币。可是天公不作美，1896年2月26日是个阴天，贝克勒尔只得将实验装置塞进抽屉等待天晴。随后几天，巴黎连续不见阳光。3月1日这天仍然阴云密布，贝克勒尔只得暂时搁置实验计划。但出于一位实验科学家的职业素养，准备将失败的实验结果记录下来作比较之用，于是他仍将底片进行了显影操作。这个无意间的举动产生了意想不到的结果：照片上并不是他预计的空白，而是显示出清晰的硬币轮廓。没有阳光照射也能让底片显影？贝克勒尔带着疑问马上重做了实验，结果仍然相同。

随后的几天，贝克勒尔选取了金属铀和不同的铀盐以及不同的时长操作实验，结果显示底片显影的清晰度几乎相同。他意识到发现了一种与X射线明显不同的新射线，并于3月9日的科学院例会上发表了实验结果。接下来一年中，贝克勒尔通过照相法和电学法对这种射线的光学性质、电磁性质进行了大量实验研究，得出了一些结论：铀的含量与辐射强度成正比；该射线比X射线穿透力更强；该射线可以使空气电离成为弱电导体，可用验电器测量其辐射强度；该射线辐射强度与温度不相关，不随时间衰减。

贝克勒尔将这种射线视为铀元素独有的产物，但并没有对发射源的本质再加深究。在1897年发表了7篇论文后，他逐渐失去了研究兴趣，转而关注其他课题。科学界暂时将这种射线称为铀射线，而因其在医学成像方面没有 X 射线便捷和清晰，也没有受到科学家们的持续关注。

1897 年年底，寻找博士论文课题的玛丽翻阅了伦琴和贝克勒尔的论文，对神秘射线的性质很感兴趣。在当时的科学界，能量守恒定律（热力学第一定律）已根深蒂固，即"能量既不会凭空产生，也不会凭空消失，它只会从一种形式转化为另一种形式"。那么，贝克勒尔认为的铀元素自发的射线，能量从何而来呢？在玛丽看来，贝克勒尔的研究是一项未完成的工作。此时，皮埃尔的一句话更加激起了玛丽敏锐的科学直觉："贝克勒尔用的是我给他的静电计，但他的操作显然不够精准。"

三篇报告

在玛丽用于记录实验数据的第一本黑色笔记本上，第一行笔迹就是 1898 年 1 月 20 日调试静电计失败的记录。万事开头难，而玛丽选择的这条科研之路上从头至尾充满了她始料未及的艰辛和坎坷。所幸的是她的直觉将这个未知领域的研究方向从粗略定性转为精确定量，进而由现象中探寻本质。皮埃尔多年前发明的静电计和天平发挥了不可替代的作用。玛丽此时只是凭着好奇心和求知欲解决一个未果的难题，绝不会意识到这个博士论文选题将引领她做出影响科学史和人类历史的伟大发现。

理化学校校长相当支持居里夫妇的工作，但因资源实在有限，也只能给玛丽提供一间教学楼底层闲置的储藏室。室内蛛网密布、灰尘堆积、潮湿阴冷，这样的恶劣环境对精密测量仪器和操作者都是挑战。巴黎冬天的寒意轻易穿透门窗，以至于玛丽在笔记本上特意记下了室内温度："1898年2月6日，室内温度6℃！"即便如此，她也很知足，至少第一次拥有了自己独立的实验室。玛丽唯一的优势就是有爱人陪伴左右，从精神、生活、学术上提供无条件的帮助。通过皮埃尔的悉心指点和调试，玛丽很快就熟练使用二人设计的一套装置来测量铀射线的辐射强度。

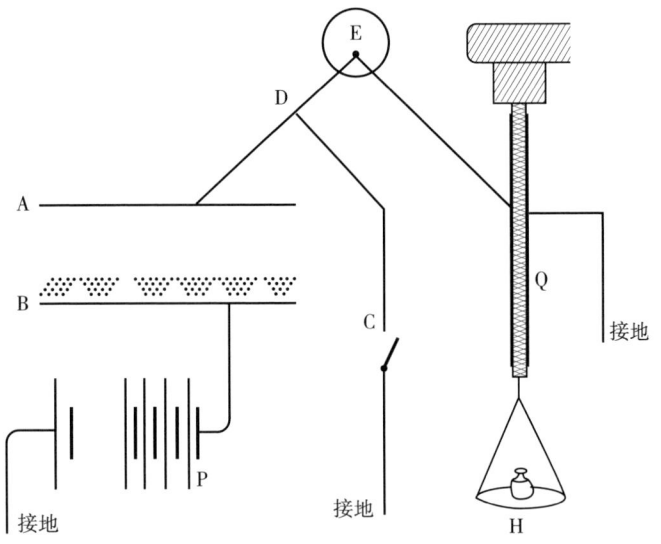

*
居里夫妇测量放射性强度的仪器示意图

这是一套精密、精巧的测量仪器，设计原理为依据空气在射线作用下的电导性获得可对比的电流数据，来分析被测物质的辐射强度。如上页图所示，仪器主要由三部分组成：直径 8cm、厚度 3cm 的两块金属板构成的平板电容器 A、B；静电计 E；石英压电电子秤 Q。其工作原理为：

　　将研磨成细粉的放射性物质均匀平铺在电容器的极板 B 上，A、B 板间的空气即刻被射线电离成为电导体；连接一个电池组 P 的极板 B 与接地的极板 A 之间形成电势差，产生电流；断开接地线开关 C，极板 A 将被充电，其收获的电荷将使静电计 E 指针偏转，偏转速度与电荷成正比，即可获得电流数据。

　　由于静电计灵敏度易受环境和操作者影响，居里夫妇采用了巧妙的电荷补偿法保证了数据准确、及时：向托盘 H 上持续添加砝码，根据压电效应石英片产生已知大小的电量补偿给极板 A，从而时刻保持静电计 E 不发生偏转，最终得到给定时间内通过极板 A、B 间的电量（即电流强度）。

　　电荷补偿法有效规避了实验环境的影响，但对操作者提出了更高的要求。除了操作稳定、准确、敏捷，实验者还要实时保持手、眼、脑的高效协作。测量时，玛丽通常是左手持秒表、右手添加砝码、眼睛还要紧盯着静电计的指针。在流动大学、索邦大学、理化学校的实验室里，玛丽一步步练就了卓越的实验技能，此时有了用武之地。在当时乃至此后数十年的科学界，能够熟练、精准操作这套仪器的科学家屈指可数。

　　精巧的仪器和细腻的操作手法造就了极高的工作效率。整天泡在阴冷储藏室的玛丽很快就将贝克勒尔研究过的铀的单质、各种含铀的化合物的放射性强度测量完毕。数据验证了贝克勒尔此前的结论：所有含铀的物质都发出射线，其放射强度与铀含量成正比，纯铀的放射强度高于其他化合物，放射强度不受物质的形态、温度等物理化学性质影响。虽然结论相似，但是玛丽比贝克勒尔高明之处在于得到的精确数据可以作为衡量放射强度的参照标准，为后面的深入研究打下了基础。

测量完所有含铀物质的放射性强度后，玛丽随即产生了一个具有转折点意义的念头：其他物质会不会产生类似的射线？这个看似很简单的念头体现了玛丽作为优秀科学家的直觉和素养。从近代自然科学诞生起，科学家们的主要工作可以总结为"特殊—普遍—特殊"，即不断从自然界的特殊现象中探寻普遍规律并应用到实际中，直到下一个有悖规律的特例出现。同时代的科学家们也许会生出同样的想法，或者像贝克勒尔那般浅尝辄止，但是玛丽做得更彻底、更精确。

求助自己在索邦大学以及皮埃尔在科学圈的朋友们，特别是理化学校一位拥有稀有化学样品的教授，玛丽搜集到几乎囊括当时已知的83种元素的单质和化合物，开始了规模庞大的测试工作。经过两个月废寝忘食的高强度工作，玛丽不负所望，发现了含有钍元素的化合物也能发出同样性质的射线。由此不难说明，发射神秘射线不独属于铀元素，而是一类元素的性质。大量的实验数据表明，该射线辐射强度只取决于被测元素的原子数量，不受被测物的物理化学性质影响，玛丽据此推测该射线来源只可能是原子内部。

此外，玛丽还发现了两组反常的数据，即沥青铀矿和铜铀云母的辐射强度分别是纯铀的4倍和2倍。而此前的实验结果都表明辐射强度和铀元素含量成正比关系。严谨的她立即自己制备了人工合成铜铀云母，检测其辐射强度却显示不及纯铀的一半。玛丽不解，难道这两种矿石里有什么未知的东西能发出更强辐射？一种未知的元素？

初期实验验证了一些贝克勒尔得出的结论，得到了更准确的数据和规律，以及新的谜团。玛丽不敢怠慢，迅速将实验数据整理为报告，提交科学院。由于玛丽和皮埃尔均不是院士，该报告只得求助他人代为宣读。

1898年4月12日的法兰西科学院例会上，玛丽和皮埃尔的共同导师李普曼教授宣读了玛丽的第一篇研究报告《铀和钍的化合物发出的射线》。报告中着重阐述三个观点：

1. 此类射线不仅限于铀元素，是一类新现象，建议将"铀射线"更名为"贝克勒尔射线"，将此类现象命名为"放射性（radioactivity）"；

2. 此类射线不受物理化学性质影响，推测其源自原子内部，为一种原子属性；

3. 含铀氧化物辐射强度高于纯铀，推测其中含有未知元素。

波兰女留学生的研究报告引起了与会院士们的巨大兴趣，分享到欧洲各国后也随即引发关注。具备科学嗅觉的研究者们在玛丽探索性的报告中察觉到两个重大突破方向：如果放射性是一种原子属性，解开其来源之谜很可能颠覆此前的原子论；发现新元素无疑是诱人的成就，而且玛丽已经指明了新方法——利用辐射强度为工具。尽管放射性来源神秘难测，发现新元素谈何容易，各国的"原子侦探"和"元素猎手"还是迅速加入了这场角逐。素来高贵、傲慢的贝克勒尔十分欣赏这位名不见经传的女学生，并和玛丽交流心得、互赠样品，成为放射性研究之路上的战友。看到玛丽的初步研究成果，皮埃尔欣慰异常，于是放下手头的晶体研究，助爱妻一臂之力。此时夫妇二人目标已不是完成博士论文，而是解开放射性的终极奥秘。

巴黎由春入夏，小公主伊雷娜已经可以含混地喊出"爸爸妈妈"，可居里夫妇却几乎抽不出时间陪她玩。那本黑色笔记本上除了整洁娟秀的文字，增添了略显潦草的字迹，记录内容中的主语也由"我"变更为"我们"。此时起，玛丽和皮埃尔各自从少年到青年憧憬的科学梦想合二为一，工作中充满了互相欣赏和帮助的爱意，爱情因忘我的工作和同一个目标而稳固、浓烈。即便居里夫妇最终没有惊人发现、名留青史，"我们发现"这几个字也见证了他们当时的幸福时光。

基于玛丽的初期工作，夫妇二人将攻关目标锁定为辐射强度最大的沥青铀矿。沥青铀矿因其外观具有沥青的黑亮光泽而得名，主要成分为二氧化铀，共含有30余种元素，几乎囊括了所有金属元素。他们采取的方法是对化合物进行化学分解，测定得到的每一种分解产物的放射性，根据测得的放射性强度结合光谱分析来确定是否有未知元素。光谱分析术是当时确定元素成分的有效方法，被发明还不过40年。1859年，德国化学家罗伯特·本生发现将含有不同元素的物质放于自己发明的本生灯上燃烧，能够呈现不同的颜色。他的朋友物理学家古斯塔夫·基尔霍夫提议用分光镜对准火焰，得到了数条特征谱线组成的光谱。不同的元素特征谱线不同，而且含有多种元素的化合物产生的谱线也可以分辨出每个元素的特征谱线。物理学家和化学家的完美联手发明了光谱分析术。

沥青铀矿复杂的成分给了居里夫妇机遇，同时也给分离工作带来巨大挑战。他们将矿石溶解在强酸中，再通入硫化氢，溶液中沉淀出一种硫化物。这种硫化物化学性质近似于元素铋，放射性辐射强度却高达纯铀的400倍。玛丽知道元素铋不具备放射性（2003年科学家发现铋具有极微弱的放射性），所以她坚信这种硫化物中有新的放射性元素存在。但无论采用水、酸以及其他何种试剂，都没法对这种化合物进一步分解、提纯。玛丽将沉淀出的化合物送交法国著名光谱学家欧仁·德马塞手中，也只得到了铋的光谱线。但玛丽仍然对自己的数据和推测有信心，只是暂时没能找到合适的分离方法。于是，她将这种新元素写进了科研报告里。根据化学界的惯例，新元素的发现者拥有其命名权。玛丽毫不犹豫地将其命名为钋（Polonium），其源自波兰一词的拉丁文（Polonia），皮埃尔当即赞同。在玛丽第一次脑海中闪过新元素的念头时，这个想法就同时出现。祖国母亲的名字被列强从地图上抹去，玛丽用力所能及的方式将波兰永久留在世界科学史上、课本上、实验室里，必将鼓舞当时的波兰科学工作者，以及后世一代代波兰人。玛丽在第一时间将实验报告寄给了华沙那位负责"工农业博物馆"的堂兄，分享自己的成功。正是从流动大学的简陋实验室里，玛丽开始独立操作并爱上了化学实验。

1898年7月18日，贝克勒尔在科学院例会上宣读了皮埃尔和玛丽共同署名的报告《沥青铀矿中的一种新放射性物质》，再次引起科学界关注和争议。玛丽的第一篇报告中提及的新元素可能性仅过了3个月就出了成果，一部分学者认同了利用放射性强度寻找新元素的方法，另一部分学者则保持质疑，因为光谱分析没能看到新的谱线，他们认为所谓的新元素只是被铀污染过的铋。直到1902年，德国化学家马克瓦尔德将一片光滑的铋片浸放在从沥青铀矿中分离的铋溶液中，发现一种放射性很强的物质沉积在铋片上，将其视为一种新元素，命名为"射碲"。事后证明，所谓的"射碲"就是玛丽和皮埃尔发现的钋，争议也就此停止。钋（Po）是一种极其稀有的银白色放射性金属元素，原子序数84，很难从自然界提取，主要靠人工合成。

作出第一项极有价值的发现后，玛丽和皮埃尔决定用他们喜欢的骑车旅行方式来庆祝。可小公主伊雷娜还不满周岁，夫妇俩只得放弃了骑车，带着女儿找了家乡村度假旅店放松了些时日。享受了短暂的天伦之乐，二人急不可待返回实验室继续工作。

接下来工作的重点和此前类似，因为就在发现元素钋的同时，居里夫妇还从沥青铀矿的分离物中得到一种辐射强度极高的含钡化合物。由于第二篇报告的成果，也因为分离复杂化合物的挑战性，一些化学家加入居里夫妇的研究工作。理化学校的化学实验室主任古斯塔夫·贝蒙拥有丰富的化学研究和实际操作经验，对居里夫妇未来的化学提炼工作给予极大帮助。就职于索邦大学的安德烈·德比尔纳曾在理化学校做过皮埃尔的学生，此时主动提出无偿协助居里夫妇完成化学分离工作。德比尔纳内向、稳重，对居里夫妇十分敬重，不仅在工作中助居里夫妇一臂之力，自己也在此过程中大有收获、名留科学史，而且在此后的40年中，成为居里一家人生活中的忠实朋友。

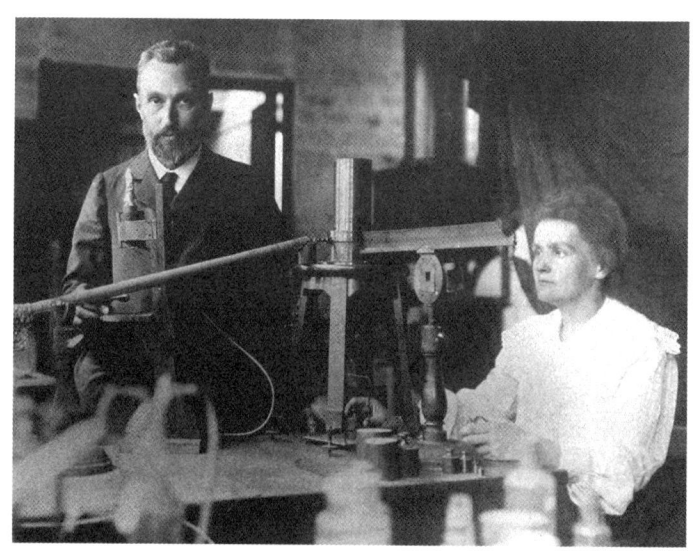

*

皮埃尔和玛丽在实验室

告别单打独斗的居里夫妇与贝蒙、德比尔纳一起展开了第二次猎捕新元素之旅。他们要做的第一阶段工作是分离出含钡的化合物：用煮沸的浓碳酸钠溶液、水、碱性溶液依次清洗沥青铀矿石粉末，残留的含钡硫酸盐将转变为碳酸盐，加入水和稀盐酸制成溶液后使其蒸发，可得到固态氯化物，再用纯浓盐酸清洗掉其中的氯化钙，就只剩下那种放射性很强的含钡的氯化物。这个预处理过程往往会重复几次，以去除更多杂质。第二阶段工作他们采用了分级结晶法：

1. 将氯化物溶解于蒸馏水中煮沸，倒入蒸发皿使溶液缓慢冷却、结晶；

2. 结晶后得到晶体样品 A 和饱和溶液蒸发后得到的沉淀物样品 B，经测试样品 A 放射强度高于样品 B；

3. 将样品 A 和样品 B 各自重复步骤 1，分别得到样品 AA、AB 和样品 BA、BB，将放射强度相似的样品 AB 和样品 BA 合并，得到 3 份新样品 AA、AB-BA、BB；

4. 将 3 份新样品各自重复步骤 1，得到 6 份样品；

5. 按照放射强度相近即合并样品的原则继续重复步骤 1，将样品中放射强度最强的分离物取出存留，强度最弱的分离物剔除，并补充氯化物原料保持 6 份样品数；

6. 分离工作后期样品质量越来越少，改用盐酸代替蒸馏水作为溶剂。

根据不同元素氯化物溶解度不同的性质，他们采取上述烦琐但有效可控的方法分离了化合物中的氯化钡，得到了放射强度越来越强的氯化物。玛丽要对每一级分离物测量其放射强度，并将样品送到德马塞那里进行光谱跟踪监测。溶解、结晶、再溶解、再结晶，样品的放射强度对比纯铀从几十倍、几百倍到几千倍，德马塞拍出的光谱上钡元素的特征谱线越来越模糊，而另一种谱线越来越清晰……几个人团结协作数月后，光谱上终于出现了一条细锐的谱线，与钡元素的谱线不同，与任何一种已知元素都不同。长年研究光谱学、曾因实验事故献出一只眼球的光谱专家德马塞因为见证了一种新元素的诞生而激动异常，第一个向玛丽表示了祝贺。

1898年12月26日，贝克勒尔在科学院例会宣读了皮埃尔、玛丽和贝蒙联合署名的报告《沥青铀矿中的一种放射性很强的新物质》。这次的发现因有光谱分析证据而有了说服力，与会的物理学家以及随后获悉的很多各国科学家接受了居里夫妇的新发现。事实已经证明放射性是发现新元素的有效工具。居里夫妇为了纪念这个新科学现象，决定根据拉丁语中的射线（radius）一词将新元素命名为镭（Radium）。元素镭（Ra）原子序数88，是一种放射性极强的银白色碱土金属。

从年头忙到年尾，1898年对玛丽和皮埃尔来说是硕果惊人的一年。尽管当时的科学界无法预见放射性对于世纪之交的自然科学有多么深刻的意义，也无从判断镭元素对化学、医学以及社会和民众有怎样巨大的影响，但发现新现象和新元素已经足以让居里夫妇在法国乃至欧洲科学界拥有一席之地。一位刚毕业仅4年的波兰女留学生就连续发表了三篇重量级报告，这实在让科学界的同行们刮目相看。然而，容易被人忽略的一点是，这三篇报告中玛丽的署名为"居里夫人"，而不是"玛丽·居里"。从此，"居里夫人"这个似乎符合科学界和欧洲社会惯例的尊称就成为玛丽在公众面前的习见称呼。潜移默化中，不了解实情的人会按照思维定式将玛丽误认为只是皮埃尔的实验助手，减损玛丽的贡献。从1898年三篇报告的发展轨迹来看，在新发现的过程中，玛丽无疑扮演了锁定目标、明确方向、全程参与的最重要角色。当然，对于灵魂契合、工作和谐、深爱彼此的居里夫妇二人来说，不必也不愿强分主次。

忙碌的一年收获满满，唯一的遗憾是这年年底布罗尼娅夫妇决定离开巴黎，到喀尔巴阡山地区开设一家肺结核病疗养院，这是自母亲因肺结核病故后藏在布罗尼娅心底的一个梦想。二姐的离开让玛丽十分伤感，当年姐妹俩将梦想紧紧连接在一起先后赶赴巴黎打拼，如今分别取得一定成功却要各奔东西。可玛丽知道自己没有时间沉浸在伤感情绪里，她和皮埃尔还将继续全心投入新元素的提纯工作。因为光谱分析可以说服物理学家，但化学家承认一种新元素的要求是看到、摸到、能称量原子量，所以必须提取足够质量和纯度的镭盐（氯化镭）。

棚屋岁月

居里夫妇用于光谱测试的镭盐样品仅为几毫克，放射强度为纯铀的数千倍，质量和纯度都不足以得到令人信服的原子量。由于此前的实验室数据表明，沥青铀矿中含镭量极其微小，那就意味着居里夫妇需要成吨的原料，于是资金就成了难题。沥青铀矿在当时被用来提取铀给玻璃、陶瓷着色，产地稀少、产量可怜、价格昂贵，绝不是年薪几千法郎的居里夫妇可以承担的。为了解决资金和实验室问题，理化学校的朋友们鼓励皮埃尔申请索邦大学新近空缺的矿物学教授职位，但被校方以资历不够为由拒绝。至于法兰西科学院，那些老院士的官僚作风也不可能提供资金支持。但居里夫妇灵机一动，想到了一个省钱的妙招。作为化学家的他们知道矿石被开采后分别经过碳酸钠、水和稀硫酸初步处理后得到含铀的溶液，不可溶的物质会当作废渣抛弃。他们的目标是镭不是铀，而废渣里必定藏着他们需要的镭。

打定了主意，生性内向、不爱交际的皮埃尔罕见地出面向科学界的同行求助。距离巴黎最近的一家沥青铀矿位于奥匈帝国波希米亚的圣约阿西姆斯塔尔（今捷克境内）。通过奥地利科学院同行帮忙运作，奥地利政府同意赠送一吨矿渣给居里夫妇。更加可喜的是，法国一位不愿透露姓名的爵士因钦佩这对青年科学家的研究精神，提供了一笔可观的运费。

居里夫妇的科研之路一点都不平坦，刚解决一个障碍紧跟着就出现下一个。成吨的矿渣存放在何处，大规模的提纯工作在哪里开展，又让夫妇二人皱起了眉头。不得不说，理化学校虽是个不起眼的技术院校，可这里的师生们都在居里夫妇事业开创初期遇到困难时伸出援手、以解燃眉之急。心有余而力不足的校长实在找不出像样的实验室，只得领着居里夫妇来到此前玛丽做实验的储藏室对面一处废弃的院子里。走进还算宽阔的小院，校长指了指最里面的一间棚屋不好意思地说道："这地方最早是个飞机修理车间，后来给学生们用作医学解剖室，因为破旧难修弃用了，也许你们能用上。"

*

棚屋内景,约1900年

玛丽和皮埃尔推开残破的大门走进室内，低头看到脚下没有地板、砖石，而只是一层薄薄的沥青，举头望见玻璃棚顶破损变形，室内仅有的陈设是一张旧桌子、一面小黑板和一个烟囱锈蚀的老旧火炉，到处积满了厚厚的灰尘。走出棚屋的居里夫妇皱起眉头，体验过巴黎冬天寒冷的玛丽看得出这里还比不上她那个小阁楼，皮埃尔想到冬冷夏热倒在其次，漏风漏雨最为致命，他那些娇气的宝贝仪器恐怕经不起如此恶劣环境的折磨。不过，二人对棚屋外的小院子很满意，一来可以存放成吨的矿渣，二来提纯过程中用到的硫化氢一类的有毒气体在户外更利于排放。玛丽和皮埃尔相视一笑，有些无奈，也有些欣慰：那就从这里重新启程吧。

1899年新年伊始的一天清晨，巴黎的冬天气温虽不至冰点，可在棚屋内打扫卫生、安置设备的居里夫妇如同在户外一般寒冷。一辆重型货运马车缓缓驶入理化学校，停在了棚屋外的小院里。车夫跳下车来，放下挡板，吃力地开始卸货。玛丽闻声从棚屋里跑出来，迫不及待地解开一个麻袋，双手插进去捧起一抔深褐色粉末。夹杂着泥土、松针的矿渣散发着森林特有的腐味，玛丽转头招呼皮埃尔来看，兴奋之情溢于言表。卸货的车夫惊诧地打量着居里夫妇，心想这就是那对不远千里收垃圾的疯子夫妇吧。他哪里明白，这些垃圾里藏着大自然的奥秘和居里夫妇的希冀。

原料到位，居里夫妇雄心勃勃地开始了提纯镭盐的工作。需要说明的一点是，此时的他们估算沥青铀矿渣中镭的含量为千分之几或万分之几，几个月时间可以完成提炼工作。但实际上他们把镭含量错估了几个数量级，提炼工作的难度和时间也超乎他们的乐观想象。经过协商，皮埃尔主要负责仪器调试和检测等物理学工作，玛丽负责大部分原料的化学提炼工作，贝蒙和德比尔纳不定期前来协助。这种分工可能会令人不解，玛丽作为弱女子担负的是更繁重、艰苦甚至危险的户外粗活，皮埃尔这个大男人却待在棚屋里和仪器打交道？可是在居里夫妇眼里，分工的原则只有适合不适合，并没有性别之分。玛丽的理由是皮埃尔每周要抽出时间去理化学校授课，况且他对仪器的熟悉程度更适合做精密测量，仅此而已。

每天清晨，穿着厚裙子和大围裙的玛丽先从麻袋中称出20公斤矿渣（这是她能搬动的重量极限），倒进院子中沸腾着浓碳酸钠溶液的大锅里，按照实验室里的初期工序依次将矿渣与水、碱性溶液、盐酸溶液混合，得到镭和钡混合的氯化物。这第一阶段工序基本靠玛丽独立完成，她需要手持一根齐眉高的铁棍不停搅拌大锅里的溶液，不断搬动大锅倾倒或注入溶液，还要忍受有毒气体的熏蒸。此时的女化学家相当于劳工加技师的角色，需要体能、意志的同时，还要时刻保持专注和细心。因为烦琐的初步提炼过程置于户外，一不留神出现步骤差错或环境污染就将从头再来。

经过第一阶段的化学分解，一吨矿渣可以提炼出约8公斤氯化物。随后的第二阶段提纯工作将转到棚屋内，分级结晶工序更加要求操作者的细心和耐心。皮埃尔担负的检测工作也不比玛丽轻松多少，因为在第一阶段得到的氯化物以及分级结晶每一级产生的结晶物都需要随时测量其辐射强度，随着样品纯度越来越高，其质量也越来越少，测量起来也越需要精细操作。尽管夫妇二人对棚屋进行了修整和打扫，室内的灰尘和电磁污染都将影响检测数据，稍有差错就有可能将费尽心力得到的几毫克样品变成废品，前功尽弃。

一天下来，玛丽累得腰酸背痛，骨头像是散了架，还不停地咳嗽。本来就蓬松的金发被风吹乱、沾满了灰尘，围裙上布满酸蚀的斑驳痕迹，双手皮肤比在实验室工作时更加粗糙。皮埃尔盯了一天的仪器，头昏眼花、腰腿僵硬。玛丽回家后还要给女儿洗澡、哄睡，皮埃尔则要继续备课，因为他每周还有两三次在理化学校授课。冬天的棚屋内寒冷异常，二人在工作间歇都会围在那个小火炉边喝点热茶；夏天的棚屋被阳光晒得像个烤箱，皮埃尔不得不时常到院子里透透气；刮风下雨天，玛丽只得狼狈地躲回棚屋里暂停分离工作。二人的一日三餐更是极致简单，在棚屋里通常是利用休息时间随意嚼一些香肠和面包，晚上到家也只是凑合吃口热饭。倒不是居里夫妇过于节俭，而是他们没有时间精力浪费在吃喝这些小事上。玛丽似乎又回到了小阁楼刻苦求学的状态，只是二姐夫妇已不在身边，不能再监督小妹妹好好吃饭了。居里夫妇头一年进展缓慢、环境艰苦，几乎是靠着"一定要把它找出来"的信念互相搀扶、鼓励挺过了一冬一夏又一冬。

*

提炼镭元素初步化学分离场景

1900年的春天，所有巴黎人都在热议着巴黎主办的跨世纪的万国博览会。该盛会持续过半年，全世界逾5000万人次参与，各参展国设计了风格各异的展馆争奇斗艳，过去百年间的各种科学技术成就竞相展现。环幕电影、自动人行道、系留气球、柴油内燃机、液压电梯等各种新鲜玩意吸引眼球，5000枚灯泡营造的电力宫绚烂辉煌，著名的地标性建筑埃菲尔铁塔被刷成金黄色。整个城市一片喧沸，而玛丽和皮埃尔还守在破旧棚屋里做着艰苦的研究。新世纪的到来也给居里夫妇的工作带来些有益的变化。

就在这一年，德比尔纳说服法国化学产品中心学会参与合作，在工厂里完成第一阶段的化学分离工序，居里夫妇将以提纯后的样品销售权作为回报。德比尔纳负责监督工厂内的工作，因此获得一份薪水，正式成为合作伙伴。他在这一年发现了沥青铀矿中的第三种新放射性元素锕。工业化初步处理方案使玛丽摆脱了繁重的体力工作，再加上贝蒙的帮助，镭盐的产出效率比头一年有了大幅提升。

1900年国际物理学大会上，居里夫妇做了《新放射性物质》的演讲，越发引起科学界的关注。瑞士日内瓦大学校长亲自造访棚屋，看到如此窘迫的科研环境，爽快抛出了居里夫妇无法拒绝的条件：给皮埃尔提供正教授职位，年薪10000法郎，配备独立实验室和助手；给玛丽提供一份带薪的闲职，可以专心做研究。近两倍的年薪和他们急需的实验室，这样的条件让居里夫妇动心了。二人专程拜访日内瓦大学，那里的实验环境和设施确实令人满意，而且学校周围优美、宁静的自然环境更让他们心仪。返回巴黎后，二人却迟迟下不了决心。祖国、故乡、亲人、朋友，甚至理化学校和那间破旧的棚屋都一时难以割舍。正在他们犹豫不决时，法国科学界坐不住了。科学院和索邦大学这样的学术权威机构，以往不重视居里夫妇的贡献，可人才流失却会让他们面子上不好看。著名科学家庞加莱出面挽留，承诺向皮埃尔提供索邦大学下属学院一个年薪不错的教席，并给玛丽提供一份塞夫勒高等女子师范学校的教职。结局似乎是皆大欢喜，法国人保住了颜面，居里夫妇提升了待遇，但二人最需要的实验室却并没有得到解决。

塞夫勒女子学校距离理化学校一个半小时车程，玛丽不得不每周两天往返于两地。但第一次正式做教师的她并不觉辛苦，只是觉得忐忑。果然，第一堂课就不太顺利。玛丽的讲授内容颇艰深，而且她带有轻微波兰口音的法语让学生们听得云里雾里。更为意想不到的是，女学生们最不适应的其实是玛丽的女性身份。在当时大多数中高等学校里，老师这一职位的性别属性被默认为男性，所以一位女性站在讲台上教授自然科学是一件奇怪的事。玛丽感觉到，对女性的刻板偏见不仅存在于很多男性，而且同样存在于女同胞的潜意识里。即便是接受高等教育的女学生，女性意识也亟须被唤醒。玛丽随即做了调整，放慢语速，降低授课难度，下课后主动和女学生们交流。此外，在教学内容上，玛丽也有针对性地做出了几项创新之举。塞夫勒女子学校的课堂上前所未有地出现了微积分课程，女学生们也首次被允许走进实验室做实验。不出几个月，女学生们慢慢接纳了玛丽的教师身份，也逐渐了解到这位老师授课同时还在做着艰苦而伟大的研究。玛丽作为一个鲜活的榜样，证明了女性有权利并有兴趣接受与男性同等的数理化教育，通过努力同样有能力跻身顶级自然科学研究领域。

棚屋、女子学校、家，往返三地的忙碌生活周而复始，玛丽一边激励着即将成人的女孩子们，一边在孕育着如同自己孩子一般的新元素，没有更多时间陪伴自己女儿的成长。伊雷娜早已在爷爷的呵护下学会走路、说话，只是在白天很难见到父母，晚上也只能和身心俱疲的他们相处片刻。禁不住伊雷娜的哭闹，老居里医生只得不时领着孙女前往棚屋探班。4岁的伊雷娜走进棚屋，睁着大大的眼睛环视四周，她真不明白为什么爸爸妈妈天天不在家就泡在这个破旧地方。就像一位造访过这里的德国化学家描述的那样，要不是看到桌子上摆放着各种仪器，真以为自己把地址搞错了，来到了马厩或是土豆窖。伊雷娜不像幼年玛丽那样对各种物理化学仪器产生兴趣，但小小的她把父母工作时那种忘情投入的神态深深印在儿时记忆里。

对打拼了几年的玛丽和皮埃尔而言，这个一般人眼中的破棚屋，就如巴斯德所说的"神秘圣殿"。他们在此奋斗，为此痴迷。每当提炼出一小份样品后，玛丽和皮埃尔都会减轻一分身心上的痛苦，增添一分对未来的憧憬。"最纯净的镭盐会是什么颜色？"玛丽不止一次地畅想。"一定是很美的。"皮埃尔不止一次地笃定回答。

幽蓝精灵

不知不觉中,居里夫妇在棚屋里奋斗至第四个春天。又结束了忙碌的一天,二人拖着疲惫的身躯回到家中。吃过晚餐,玛丽照例给伊雷娜洗澡,温柔地哄她睡觉。临睡前,玛丽和皮埃尔对视一眼,二人并不说话,各自会意,换上外套,轻关房门下楼。和煦的春风里,玛丽和皮埃尔像热恋的情侣一般手牵手走过花园、大街,一种巨大的引力牵引着他们走在那条记不清走过多少遍的路上。理化学校的门卫毫不惊讶,他知道这对科学家夫妇每隔几天都会在晚饭后返回棚屋坐一会、聊聊天。

皮埃尔轻推屋门,二人走进黑暗中透进几线微弱月光的实验室。"不要开灯。"玛丽轻声嘱咐。她摸过一把椅子并把它转过来轻轻坐下,双手合在椅背上,将下巴搭上去。一切动作都那么轻柔,似乎怕吵醒谁。皮埃尔也走过来,一手揽住妻子的肩膀,伏在她耳边轻轻说着:"它太美了,玛丽。"一片暗寂的棚屋里,隐隐悬浮着几点幽蓝的光。那蓝光微弱如萤火虫,又时隐时现似一个个有生命、会呼吸的精灵,将这破棚屋化作童话世界。那是散落在桌子上、架子上的烧杯里、试管里的微量镭盐样品,是玛丽和皮埃尔历尽艰辛孕育出的孩子。世上再没有第三个人能感同身受这份奇幻和幸福。玛丽痴迷地看着这些精灵,真希望早日完成她和皮埃尔的夙愿,可她又希望这一天晚点到来,让这童话般的幸福时刻一直伴随。玛丽和皮埃尔将浓浓爱意融进科学事业里,享受着艰辛生活中独属于他们的科学浪漫。在给二姐的信中,玛丽没有倾诉科研的艰难,而是称自己"嫁给了世上最好的男子"。皮埃尔的西服马甲口袋里,则时刻放着玛丽婚前的一张照片,并常把照片拿出来端详,称其为"我那个乖巧的女学生"。

*
居里夫妇在实验室

三年多的时间中，居里夫妇提取的镭盐越来越纯，积累的质量越来越多，科学界对他们的研究也越来越认可。放射性和镭元素的发现逐渐引发了一股科学热潮，一些科学机构和科学会议邀请居里夫妇做演讲和交流。更多的同行参与到这项新兴领域的研究，既是合作伙伴也是竞争对手。除了法国的科学家诸如邻居佩兰、皮埃尔曾经的学生保罗·朗之万，英国、德国、奥地利、意大利的科学家也为居里夫妇的工作提供帮助，互通有无。习惯做独行侠的居里夫妇也意识到了放射性研究前景相当广阔，依靠单打独斗肯定不如科学共同体的相互协作更有效，二人经常给同行们分享理论成果和免费样品。

　　通过各国科学家积极研究，镭元素的放射性现象除了使空气电离和超强穿透力，还展现出很多超乎想象的神秘特性：在黑暗中发出荧光；释放的热效应在一小时内可以将同等质量的冰融化；释放出放射性气体（氡）；可以使周围的仪器、衣物等也具有放射性（感生放射性）；腐蚀包装纸、棉花。而最令科学家们震惊的是，镭元素对人体造成的伤害。

　　最先发现放射性伤害的德国科学家通知了法国同行。皮埃尔毫不犹疑地亲身做起实验，将装有少量镭盐的试管放在前臂上。皮肤上很快就出现直径6厘米类似灼伤的红肿，20天后伤口结痂，42天后伤口愈合、表皮新生，52天后伤疤范围缩小，呈暗灰色。闻讯的贝克勒尔也将装有微量镭盐的小试管放入西装马甲的口袋中，结果是胸口的皮肤出现同样的灼伤，不由得感叹这镭元素真是让他"又爱又恨"。

放射性对人体细胞造成的伤害却让人类因祸得福,科学家们迅疾想到了这种特性在医学上的应用。经过和医学家们的合作,放射疗法成为狼疮和癌症患者的福音,其原理是放射性射线可以杀死增殖活跃的恶性肿瘤细胞。又一项以居里命名的发明诞生——居里疗法。如今,放射疗法已经是治疗癌症的常规手段,尽管采用更丰富的射线、技术、方案,具有更精准、更有效的治疗效果,但其原理和20世纪初先驱们发明的疗法完全相同。

今天的我们对放射性的字样和标志都有警惧之心,所以想到皮埃尔等一众科学家首先不是做动物实验而是亲身测试,难免有些不解。一方面,因为一种新现象刚被发现时,人类往往没法预见其真正的破坏力,科学史上付出健康甚至生命代价的探路者不乏其人;另一方面,对居里夫妇这样以科学为终身信仰的人而言,即便逐渐了解到放射性对人体的伤害,也在心里忽略其存在。镭元素就像他们亲手孕育的孩子,就算与危险朝夕相处,哪怕自己当小白鼠,也在所不惜。但事实证明,他们确实为此付出了代价。由于长期处于放射性环境中,居里夫妇的身体都遭受了严重伤害。研究期间,夫妇二人都出现了各种症状。玛丽时常昏昏沉沉,体质虚弱,手指麻木,以至于用拇指搓动其他手指的指尖成了她下意识的习惯动作。皮埃尔的症状貌似风湿病,长年腰背僵硬,膝关节常常疼痛难忍,严重时走路都很艰难。起初二人以为是工作劳累和生活清苦所致,殊不知放射性的伤害超乎他们的想象。存放在博物馆里的居里夫妇实验笔记本,时至今日仍然具有放射性。

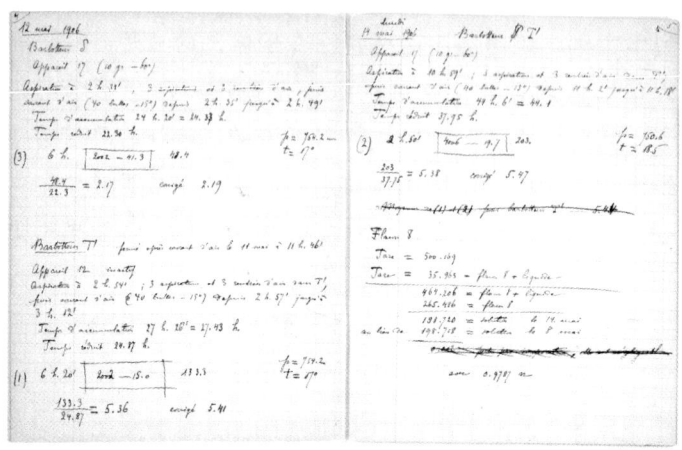

*
居里夫妇的实验笔记本

为科学献身,需要何等坚实的信仰、忘我的专注才能做到?玛丽和皮埃尔给出了答案。长期的孤独、艰苦和伤痛都无法阻止他们探寻新元素和放射性神秘本质的决心。1902年3月28日,德马塞的实验室中,玛丽在实验笔记本上记下了足以说服科学界的数据:镭元素原子量为225.93。

一种新元素终被人类发现,其发现历程是科学信仰的胜利。当初课题启动时,居里夫妇估算的镭元素在沥青铀矿中的含量为万分之几的微量,仅需几周或几个月的提炼工作。实际上的数字是:镭元素含量仅为250万分之一的痕量，消耗 8 吨沥青铀矿渣，400 吨水，上千种化学试剂，近四年艰苦卓绝的日日夜夜，以及无法量化的压力、心血和伤痛。从破败的棚屋里诞生的镭盐仅为 0.1 克，相当于从茶匙里抖落的几粒细盐。

玛丽第一时间将实验成功的消息告知远在波兰的老父亲。斯科沃多夫斯基自然欣慰异常，和他此前在法兰西科学院《论文汇编》中看到小女儿的名字时一样兴奋。他太了解这个从小要强的女儿为了实现科学梦想经历了怎样的苦难和徘徊，马上回信表示祝贺。但在信尾，他不无遗憾地表示镭元素的发现"目前还不具备应用价值"。波兰老教师这一次作出了误判，他想不到放射性和镭元素的发现引出了物理学、化学、医学上怎样的革命，也没能在不久后见证玛丽的荣光。

第七章

荣光 1903

"我祝贺你,玛丽!"

苦尽甘来

1902年5月，玛丽踏上了阔别多年的故土，此行目的是探望即将做胆囊手术的老父亲。斯科沃多夫斯基这次见到玛丽不由在心中感叹，小女儿真的长大了，人至中年，已为人母，事业小成，少年的憧憬和好奇、青年的彷徨与激愤已经蜕变为眉宇间的坚韧和淡然。几个儿女都已成家立业，老教师似乎也完成了自己对亡妻承诺过的使命。手术还算顺利，玛丽盘桓几日后，因科研工作未完而匆忙赶回巴黎。哪料就在回程的火车上，玛丽收到父亲术后病情突然恶化、抢救无效、猝然离世的噩耗。她马上换车返回华沙，并给家人拍了电报，一再强调在自己赶回之前不要下葬。

玛丽肝胆俱裂、心急如焚，脑子里一片空白，一门心思要见老父亲最后一面。冲进家门的那一刻，玛丽甩掉行李一下子扑到父亲的棺木前。贴在亡父苍白冰冷的脸颊上，玛丽的泪水夺眶而出。立在一旁的哥哥姐姐们并不劝阻，他们知道这个小妹妹对父亲的感情无人可以比拟。玛丽任泪水宣泄着悲痛，比失去母亲和大姐时更加剧烈的悲痛，还掺杂着一丝自责。一方面，母亲早逝后，老父亲在困苦中乐观、坚毅地支撑这个家庭20年，付出了所有的一切；另一方面，玛丽曾经要陪父亲终老的愿望最终未能实现，甚至没能和父亲诀别。

操办后事后，玛丽木然坐在回巴黎的火车上。脑子里像过电影一样回忆着父亲的一个个瞬间，抱着幼年的自己看橱柜里物理仪器的他，中学毕业典礼台下热泪盈眬的他，火车月台上模模糊糊的他，抱着外孙女乐不可支的他，头发日渐稀疏、身材逐渐发福的他……玛丽心中感到欣慰的是，父亲临终前一定没有遗憾，儿女们都走上了自己梦想的人生道路，小女儿在科学事业上取得了一定成绩，没有辜负自己的厚望。

华沙的悲痛一直蔓延到巴黎，这一年的日子都笼罩着阴霾。1902年6月，鉴于居里夫妇此前在放射性研究中取得的突破成就，一些法国科学家提名皮埃尔竞选出现名额空缺的法兰西科学院院士。在家人和同事的鼓励下，皮埃尔不情愿地履行了陈腐的程序：拜访几十名院士。先恭维对方再吹嘘自己，皮埃尔强忍着自己的厌恶之情，但他也明白进入科学院对夫妇二人的科研事业是大有帮助的。然而最终结果是他以3票之差落选，皮埃尔大度且真心地表示竞选对手更加优秀。随后，索邦大学理学院院长阿佩尔为了弥补皮埃尔的遗憾，推荐他申请法兰西荣誉军团勋章。皮埃尔对这项法国政府向社会各界特殊贡献者颁发的最高荣誉毫无兴趣，拒绝了阿佩尔的好意，还不通世故地补上一句："我更需要一间实验室。"

亲人离世和事业不顺让玛丽和皮埃尔的情绪难免低落，而居里一家的阴霾还未散去。回归实验室工作的玛丽身体虚弱、心情焦虑，甚至出现了轻微的梦游症状。不久后，玛丽流产了，再加上二姐来信中告知了其幼子夭折的悲伤消息，她的身心再次遭受打击，心情跌入谷底。皮埃尔的风湿病更加严重，关节的疼痛让他夜不能寐。深夜中，每每听到皮埃尔尽量克制的呻吟声，玛丽都心痛不已。

"我们选择的生活太苦了……"一串呻吟声后,皮埃尔痛苦地吐出这句话,不知道是对玛丽说的还是自言自语。"皮埃尔,"玛丽不敢看向丈夫,而是仰视着天花板突然发出绝望的疑问,"如果我们俩之中死了一个,剩下的那个,也活不下去了,是不是?!"听到妻子这句话,本来昏昏沉沉的皮埃尔瞬间警醒。他拼命摇着头,挣扎着翻过身抚着妻子苍白的脸庞,一顿一顿地艰难说道:"你错了……无论发生什么……剩下的那个人……即使成了没有灵魂的躯壳……也要……坚持工作下去!"

时间是疗愈伤痛的良药。1903年的暖春稀释了居里一家的悲苦,第一缕春风从海峡对面吹来。5月,英国皇家学会发来信函,邀请皮埃尔参加传统的"星期五晚间演讲会"向英国科学界介绍放射性。居里夫妇感激英国同行的认可,不顾病体欣然前往。皮埃尔的风湿病仍然没有好转,上台前甚至无法扣上那件旧礼服的扣子。玛丽帮他扣好,抚了抚礼服褶皱,将丈夫搀扶上讲台。皮埃尔的前沿理论和实验数据赢得了英国人尊重的掌声,在台上展示的伤疤引来阵阵惊叹。演讲进入尾声,在皮埃尔的示意下,会场灯光全部熄灭。黑暗的讲台上现出一点幽蓝的微光,放置在四周的验电器争相闪亮。

专业、奇幻的演讲取得成功,皮埃尔的老朋友、英国科学界泰斗开尔文勋爵为居里夫妇举办了盛大的晚宴。英国各界名流云集,整个晚宴现场珠光宝气、流光溢彩。玛丽举着酒杯站在角落里,看着贵妇们手上、颈上、头上的名贵珠宝目不暇接。皮埃尔见此情景，慢慢靠过来，在爱妻耳边轻语道："很美是吗？""确实很美。不过，"玛丽转过头来，天真得像个孩子，"我在想这些珠宝能换多少间实验室。"二人会心一笑。

目睹了皮埃尔的成功，从伦敦回到巴黎，玛丽也迎来了自己的重要时刻。1903年6月12日，一袭黑色礼服裙的玛丽站上了索邦大学阶梯教室的讲台，准备完成她的博士论文答辩。二姐为她定制礼服时，玛丽坚决选择了黑色。也许她自己都不曾察觉，从何时开始爱上了黑色。一袭黑衣彰显了坚强、笃定的气质，也见证了她自幼年起生离死别、荣誉加身的每个重要时刻。

台下一张大长桌后坐着以李普曼为首的三位导师，听众席上坐着皮埃尔、老居里医生、布罗尼娅、佩兰、朗之万，塞夫勒女子学校的女生代表们也将上一堂生动的女性权利教育课。所有人都将见证法国历史上第一位女博士的诞生。《关于放射性物质的研究》不是一篇普通的博士论文，而是20世纪初自然科学发生变革的嚆矢，也是玛丽科学生涯的初啼。论文中翔实的数据、明晰的实验方法、伟大的发现和大胆的理论探索全方位展现了玛丽在1898～1902年艰苦卓绝的工作和富于开拓的科学思想。对于一个刚毕业没几年的女大学生，如此成就已足以让同行们钦佩。相较于法国第一位女博士的头衔，玛丽更满足于自己终于圆了8年前的梦想：像皮埃尔一样，在这神圣的场所，和前辈们进行人类最高智慧的碰撞。

李普曼教授最终给出了优异的评价，代表索邦大学授予玛丽博士学位。当晚，佩兰和朗之万在居里家组织了庆祝晚宴，亲朋好友及科学界同行前来庆祝。居里家和佩兰家相通的花园里举办的盛宴热烈但不奢华，没有珠光宝气和名流贵妇，家用杯盘之间甚至还夹杂着烧瓶和烧杯。夜幕降临，花园里流淌着欢声笑语。皮埃尔走到台阶上，少见地向着生活爱侣兼工作搭档高调宣告："我祝贺你，玛丽！"随后，他从上衣里取出一只小试管举至头顶。黑暗中，皮埃尔头顶那一点幽蓝虽然微弱，却如秉明烛。

那一抹微光是人类智慧和勇气之光，也是人类未来之光。那光芒闪耀在来客们的脸上，激励着每一个在场的科学之子，而他们也都在未来的探索之路上绽放出自己的光。让·佩兰，杰出的物理学家，因证明了爱因斯坦基于布朗运动提出的分子运动论而荣获1926年度的诺贝尔物理学奖。保罗·朗之万被爱因斯坦称为"最早理解狭义相对论的法国人"，在气体分子、磁性和相对论的研究和推广中作出巨大贡献，而且在多年后的第二次世界大战中积极参与反纳粹的斗争。那晚在场的一众科学英才中，角落里的一位年轻人也被皮埃尔高举的人类之光点燃。恰好来巴黎度蜜月的欧内斯特·卢瑟福作为放射性研究的同道参加了玛丽的庆祝晚宴。这位出身平凡的苦力之子，在玛丽和皮埃尔的工作基础上和精神感染下，即将接过他们的接力棒，最终揭开放射性以及原子的奥秘。

*
居里夫妇，1903年

苦尽甘来是1903年的主旋律，居里夫妇的成就逐步得到了科学界的认可。11月，英国皇家学会授予玛丽和皮埃尔英国科学界以著名化学家戴维的名字命名的至高荣誉——戴维奖章。让人费解却不意外的是，这枚奖章没有出现在居里家的墙上或实验室的相框里，而是在 6 岁女儿伊雷娜的玩具箱中。对于居里夫妇，1902 年祸不单行，1903 年却福有双至，更加重磅的荣誉接踵而来。

1903 年年底，一位诺贝尔奖评奖委员会成员私信告知皮埃尔，这年的诺贝尔物理学奖将由贝克勒尔和皮埃尔分享。惊喜之余，皮埃尔马上反应过来获奖人中没有提及玛丽。背后的原因则是以李普曼为首的法兰西科学院权威们没有把玛丽的名字加在提名名单中。放射性发现的过程中玛丽的贡献有目共睹，岂能因为对女性的刻板偏见轻易抹杀？皮埃尔即刻回信，声称如果不授予玛丽应得的荣誉，自己将断然拒绝该奖项。最终，瑞典科学院诺奖委员会成员反复考量后，决定将该奖项授予贝克勒尔、玛丽和皮埃尔。

玛丽获此奖项本是实至名归，并不会减损任何人的名誉和利益，却险些因女性身份被抹杀贡献，就连一贯欣赏、提携玛丽的李普曼教授也秉持着固有的偏见而习惯性地忽略她的功绩。在他们眼中，玛丽获奖将会打破科学界一以贯之、天经地义的男性垄断地位，如同一件完美瓷器上假想的一道裂纹。即便最终玛丽获奖，也有一个容易被人忽略的细节暴露了那个时代女性的卑微地位：诺奖奖金分配方案是贝克勒尔一半，居里夫妇一半，而不是三位获奖者平均分配。

然而，法国科学界的处心积虑和诺奖委员会的犹疑不定没能阻止历史上第一位女性获奖者的诞生。同样因为犹疑，诺奖委员会只基于放射性的发现颁发给玛丽物理学奖，因为存在争议性，搁置了玛丽发现钋和镭的成就。谁能料到，正因如此，反而给玛丽两获诺贝尔奖埋下了伏笔。法国科学界弄巧成拙，成就了科学史上一段佳话。

奖项的争议尘埃落定，可是居里夫妇的身体状况无法支撑他们到寒冷的斯德哥尔摩领奖。不得已，法国公使陪同贝克勒尔于年末赶赴瑞典领奖。身着绿色华丽礼服的贝克勒尔从瑞典国王手中领取了1903年度诺贝尔物理学奖。

诺贝尔奖始于20世纪初年，1901年伦琴因发现X射线而获得第一届物理学奖，1902年洛伦兹和塞曼因关于磁场对辐射现象影响的研究获得第二届物理学奖。仅仅历经三届，诺贝尔物理学奖的成就已彰显出20世纪科学界即将迎来新的革命。放射性的发现，宣告了人类科学史、文明史上一个新时代的诞生——原子时代。

原子时代

纵览数百万年的文明发展历程，人类奋力跨越了时间轴上的一个个节点——石器时代、红铜时代、青铜时代、铁器时代、蒸汽时代、电气时代，依靠放射性的发现敲开了原子时代的大门。原子时代是崭新的，原子的概念却由来已久。

从人类智慧诞生起，智者们就开始思考一个终极问题：世界是由什么构成的？换言之，人类所处的物质世界的基质是什么?

古代中国人主张天人合一、关注自然整体、擅于取象比类,发展出阴阳五行学说,认为金、木、水、火、土构建了万物并形成了彼此之间的联系。古印度人将世界的基本构成单位归纳为地、水、火、风。相比之下,古希腊的哲人们对世界本原的解读方式更为多元。

泰勒斯根据水是生命之源以及水的三种形态(固、液、气)的转化认为"万物源于水";阿那克西米尼认为万物都由"气"的聚散构成;赫拉克利特认为"火"才是物质的本原;毕达哥拉斯学派认为"万物源于数",数字才是这个世界的基本单位;恩培多克勒建立"四元素说",将自然界从下到上、从重到轻划分为土、水、气、火四层;柏拉图和亚里士多德师生二人在四元素基础上添加了第五元素——以太,作为构成天体的基本物质。

上述诸多理论大多采用某几种自然物质作为构成世界的基本单位,明显缺乏说服力甚至是自相矛盾的。人类通过观察自然发现,大海由水滴构成,沙滩由沙粒构成,大山由石子构成,那么寻找构成世界的基质就是从"多"还原到"一"的过程。由此又产生一个问题:物质是否可以无限分割下去?庄子说:一尺之捶,日取其半,万世不竭。(《庄子·天下》)果真如此,寻找构成世界的基本单位岂非徒劳?

古希腊自然派哲学家留基伯、德谟克利特给出的答案是:物质不能无限分割,物质的基质是原子。原子

（atomos）概念诞生，希腊语意为"不可再分"。古代原子论表述为：世界由原子和虚空组成，原子不可再分、性质相同、微小不可见、不生不灭，物质由不同形状和数量的原子构成。古代原子论不具备现代科学特点，既不能证明也不能证伪，只是哲学层面的一种思辨。但是这种还原主义思想为后世的自然科学发展指明了方向。

古代原子论创立后在故纸堆里沉寂了一千多年。直到1417年，一位猎书人从一个偏僻修道院尘封的书架上发现一部古罗马遗存的手抄本——卢克莱修的《物性论》。这部拉丁文哲学长诗依据德谟克利特开创的原子论，将朴素唯物主义的观点呈现于自然、社会和思想领域，出版后引发了学术界的巨大讨论，深深影响了文艺复兴时期及后世自然哲学家和思想家。

原子论时隔千年再次面世，但真正复活还要再等400年。

1661年，英国自然哲学家波义耳出版了《怀疑的化学家》，他基于实验把那些无法用化学方法再分解的物质称为元素，而不是古希腊哲学家认为的土、水、气、火等。1789年，法国自然哲学家拉瓦锡重新定义了原子一词，用来表示化学变化中的最小单位。1803年，英国科学家道尔顿用原子的概念解释了为什么不同元素总是成整数倍反应（倍比定律），提出每一种元素只包含唯一一种原子，而这些原子相互结合起来就形成了化合物。古代原子论复活，近代原子论诞生。但当时科学家对化学反应和微观粒子的理解还远不够深入，原子和元素的概念只是近似解释，元素中还出现了化合物，而道尔顿描述的原子是个实心小球还无法通过实验观察验证。原子论应用于物理化学领域的同时也存在其实在性的争议。

1827年，英国植物学家布朗在使用显微镜观察水面上的花粉时，发现它们进行着剧烈的不规则运动（布朗运动）。1877年，德绍尔克思提出布朗运动是由于水分子的热运动而导致的。原子-分子论得到更多科学家的支持。1905年，爱因斯坦对布朗运动提出了数学分析的方法，证明了分子运动论。几年后，瑞典化学家斯韦德贝里和法国科学家佩兰通过实验观察和计算验证了爱因斯坦的理论，并分获1926年度诺贝尔化学和物理学奖。原子-分子论及原子的实在性终被承认。

原子的概念由古希腊的哲学猜想到客观实在历经两千多年，那么原子是否也像古代哲人认为的不可再分呢？1897年，在研究阴极射线过程中，英国物理学家汤姆逊发现了原子中带负电的粒子——电子。第一个亚原子被发现，也就意味着原子不可再分的长久认知被打破。汤姆逊随之提出了自己的原子结构模型（葡萄干蛋糕模型）：电子平均分布在整个原子里，如同散布在一个均匀的正电荷的海洋之中，它们的负电荷与那些正电荷相互抵消。

亚原子世界初露端倪时，放射性的发现让科学家们得以将目光深入到原子内部。玛丽在1898年的三篇报告为同行们指明了放射性的研究方向以及工具。针对放射性能量来源之谜，玛丽根据物理化学性质不影响放射性强度推断能量只能来自原子内部，并提出了"原子激变"假说；而皮埃尔则秉承着唯能论思想，信奉能量守恒定律，认为放射能量来自外部。

在居里夫妇的成果指引下，一位来自新西兰的穷小子做出了更深刻的发现。入职电磁学领域权威机构剑桥大学卡文迪许实验室后，卢瑟福继承了汤姆逊等前辈的思想，针对放射性射线的性质设计了新的实验。1899年，他利用不同厚度的铝箔作为阻挡物，发现了镭发出的射线不止一种，分别命名为 α 射线（氦离子）和 β 射线（电子流），二者穿透能力和在电磁场中偏转方向各不相同。几年后，法国科学家维拉尔又发现了放射性元素发出的射线中的第三个成员——γ 射线（高能电磁波）。几种新射线的发现，给卢瑟福提供了"炮弹"。

卢瑟福设计了用 α 粒子束轰击金箔的实验，结果惊讶地发现有些 α 粒子产生的散射角超过 90°，甚至出现 180° 的情况。这个不同寻常的结果让卢瑟福大为震惊，如同"炮弹击中一张薄纸后被反弹回来"。卢瑟福马上明白这个现象意味着原子内部大范围是空的，只有一个极微小的粒子占据核心位置——原子核概念问世。原子核只占原子体积的几千亿分之一，却集中了 99.96% 的质量，所以才导致只有少量 α 粒子撞到原子核被反弹回来。

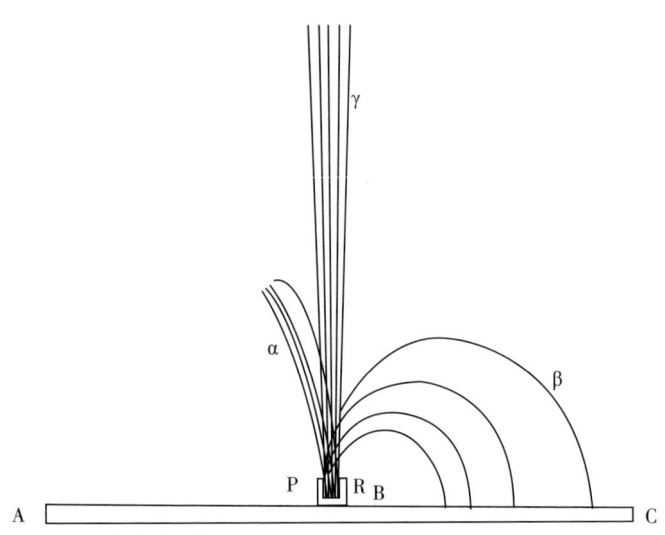

α射线、β射线、γ射线在磁场中的性质示意图

原子的微观结构又被揭开了一层面纱，科学家们纷纷提出了自己猜想的原子结构模型：粒子云模型（勒纳德），土星环模型（长冈半太郎），太阳系行星模型（卢瑟福）。在卢瑟福原子结构的基础上，尼尔斯·玻尔提出了电子在轨道上定态跃迁的概念，解决了卢瑟福原子模型稳定性问题。随着卢瑟福发现质子，查德威克发现中子，原子的真容才得以展现。量子力学被创立后，科学家们一步步建立了现代原子模型，对原子结构的认识再次升级：质子和中子组成原子核居于原子中心，核外电子以概率云的方式存在（电子云模型）。通过现代科学家的探索发现，在质子、中子、电子之

内还存在着更小的基本粒子（夸克、轻子、传播子）。人类对微观世界的理解仍在更新迭代之中。

放射性的发现在物理学领域引发了一次深刻革命。经典物理学统治数百年的因果律和决定论被迫作古，相对论仍然作为宏观世界的解释工具，但量子力学表明概率才是微观世界的终极法则。亚原子粒子逐个被发现，"原子不可分"的陈旧观点被彻底打破。

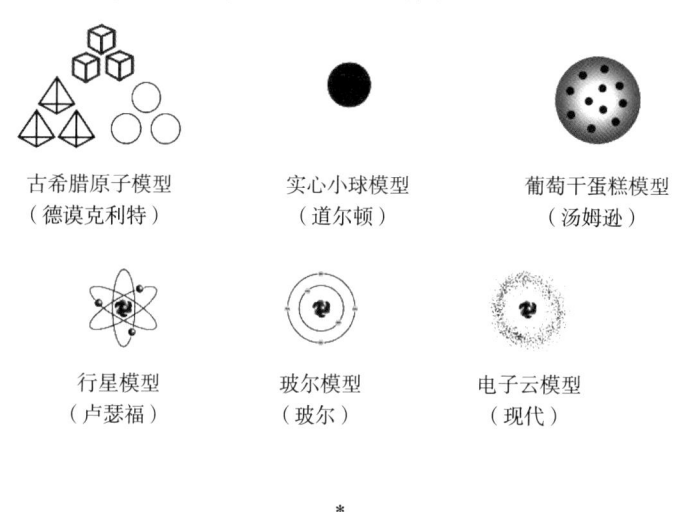

*

原子模型发展历程

放射性能量来源之谜被解开，核衰变、核裂变、核聚变都会释放巨大能量。爱因斯坦将质量解释为能量的聚集形式，并用那个著名的方程式（$E=mc^2$）将其量化。核能成为继自然能源（水、风、火）和化石能源（煤炭、石油、天然气）之后，人类依赖的新能源。

放射性在地质学和考古学上也引发了意想不到的革命。从古至今，智者们对一个问题颇感兴趣：地球的年龄。基督教教义中描述世界的历史仅为6000年，近代古生物学、地质学及热力学科学家们根据不同的理论推算出的结果都只是数千万年。天然放射性元素具有稳定的半衰期，因而成为大自然天然的时钟。以放射性碳-14为例：大气中的碳-14氧化为二氧化碳进入全球碳循环，动植物从二氧化碳中吸收碳-14，它们死亡后即停止碳交换，其中的碳-14含量因衰变而减少，减少速度由半衰期决定。根据测量被测物剩余碳-14含量占比可推算出有机物的死亡时间。现代科学家依据放射性测年法判定，地球的年龄为45.5亿年。

放射性在物理、化学、哲学、地质、考古、生物、医学、气象、电力、环境、能源、军事等诸多领域掀起了革命性发展。同时，放射性的发现也引发了人类社会前所未有的关于科学中立性、客观性、普世性、利他性以及科学家良知的深刻思考。放射线既能伤人也能救人，核电站造福人类，核污染危害人类，核武器毁灭人类，科学家、科学共同体都必须将科研工作导向置于全人类福祉之上。

放射性的发现和研究给人类带来巨变，是人类高级智慧的体现。回溯其发展历程，与科学史上很多发现常见的承前启后特点不同，放射性在19、20世纪之交"物理学终结论"一度盛行之时，几乎是横空出世。如果将放射性的发现过程比喻为一场百米接力赛，那么贝克勒尔是起跑的第一棒，玛丽和皮埃尔联袂完成了第二棒和第三棒，引领放射性研究冲上了直道，卢瑟福最终完成第四棒冲刺任务。

为一项伟大发现复盘时，人们常会产生这样的疑问：为什么是他（她）？命运为何青睐一位大学毕业没几年的外国女子？时势造英雄还是英雄造时势？

巴斯德曾说："在观察的领域里，机遇只偏爱那种有准备的头脑。"玛丽确实是有准备的：先天赋予的好奇心、求知欲、科学直觉，苦难经历造就的坚毅性格和吃苦耐劳能力。具备这些优秀品质再加一点运气就可以完成伟大发现吗？试想一下，我们化身为19世纪末的科学工作者：如果被告知继续贝克勒尔的研究将获得诺贝尔奖，我们是否会不顾资金和环境的窘境而奋勇争先？但如果被告知即便你奋斗四年、殚精竭虑，成功的概率也低得可怜，我们是否会临阵退缩？如果在足球场里寻找一只足球，人们会趋之若鹜；在足球场中寻找一粒芝麻，人们会望之却步。玛丽的成功靠的不仅是能力、直觉、品质和运气，还有笃定的科学信仰和皮埃尔的深沉挚爱。信仰与爱的结合无法复制。

名利压身

时代给玛丽提供了成功的条件，而她书写了新时代。尽管诺贝尔奖在当时远不如今日家喻户晓，但已在科学圈内树立起权威。三位法国科学家同时获奖，引起了法国媒体的关注，而其中科学家伉俪、科研环境艰苦等元素更是触及了媒体人敏感的职业嗅觉。

巴黎几十家报纸争相派出记者，索求文章，采访同事，探访棚屋、学校和家宅，编织着一个个夸张的"科学神话"或奇谈异闻：一位贫穷美丽、来自外国、住在阁楼的"灰姑娘",找到了法国科学界的"白马王子";居里夫妇在破旧的棚屋里创造出一种神奇的发光物质,包治百病;居里家的简朴陈设、伊雷娜和保姆的对话内容、家中那只奶牛猫的花纹都见诸报端……

媒体的过度演绎引发了公众的巨大好奇心,大量信件雪片般扑来,猎奇好事之徒、趋炎附势之辈、贪图小利之人贸然登门,签名、拍照、捐赠的索求和演讲、剪彩、宴会的邀请纷至沓来,甚至有人提出用"居里"给自己的赛马命名的无稽要求。

面对始料未及的公众关注热潮,居里夫妇没有一点喜悦之情,反而感到"生活要被荣誉毁了",视之为"生命中的灾难"。生活和工作的节奏被打乱,让从不在意虚名的他们异常恼火。皮埃尔对报纸求稿回复道:"我们不值得,因为我们从昨天才开始存在。"言辞冷淡,语带讽刺。玛丽对媒体的态度是:"在科学领域,我们应该关注的是事物而不是人。"在街上或学校里遇到拦住去路的路人或记者时,玛丽通常给予直白的拒绝:"你认错人了。"这段时间里,夫妇二人没有得到片刻安宁,"恨不得找个地缝钻进去","像一对被捞出鱼缸的金鱼一样窒息、挣扎",时刻恐惧着"被心怀鬼胎的人拉着到处表演"。然而,有些邀约是无法拒绝的。法国总统在爱丽舍宫举办晚宴,居里夫妇不得不赴约。宴会期间,玛丽躲在角落里无所适从。一位贵妇靠近她,礼貌询问是否愿意被引见给希腊国王。玛丽不假思索地答"没这个必要"后,才发现眼前目瞪口呆的贵妇正是总统夫人。"不过……当然……如果您愿意的话,悉听尊便。"玛丽尴尬地补救道。

*

居里夫妇的漫画,皮埃尔·居里正举着发光镭标本不过，媒体的炒作也不是一无是处。媒体大肆渲染了棚屋的艰苦条件，用责备的口吻质问法兰西科学院"为何自家的科学英才反而要瑞典人去发现"。这就让科学院在公众前颜面扫地，掌权者们不得不作出一些重视居里夫妇的姿态。索邦大学为皮埃尔提供了物理学正教授的教职，年薪10000法郎；为玛丽提供了物理实验室主任一职，年薪2400法郎。夫妇俩先后辞去了理化学校和塞夫勒女子学校的教职（均由朗之万接任），得以专心从事放射性的研究。尽管居里夫妇仍然没有得到独立的实验室和足够的实验设备，但总算见到了希望：索邦大学向法国议会提出了经费申请，用来建设专业的放射性研究所。那所棚屋已人去屋空，夫妇二人却仍然保持着晚间散步到故地的习惯，回忆着艰苦岁月的点点滴滴。

名与利总是相伴相生，居里夫妇不堪声名所扰，但资金是他们急需的。1904年1月2日，诺奖奖金7万法郎迅速到账，随后又有一笔巴黎报业集团的奖金5万法郎入账。夫妇俩细致地将巨款安排了用途：支付工作室人员工资，添置必要实验设备；回馈此前科研工作中提供帮助的科学机构和个人；资助需要帮助的年轻人（一位实验室男生、一位塞夫勒女校学生、几位波兰穷苦留学生）；借钱或赠予给亲属（雅克、约瑟夫、布罗尼娅、海拉）以改善生活或支持事业；提供旅费邀请玛丽儿时的法语教师到法国旅游；余款等分，用于购买波兰和法国的国债。至于自家的生活条件，他们没有购买豪宅和奢侈品，只是安装了现代化的浴室并更换了新壁纸。

对于金钱的态度，居里夫妇向来保持一致。长年生活清贫、科研条件艰苦需要金钱来改善，但他们有自己的原则。一位美国工程师来信请求分享镭元素提炼工艺，居里夫妇马上复信无偿提供了工艺的具体流程说明，毫无保留。虽然这个决定是在几分钟简短沟通后作出的，但关于科学专利的问题，在二人心中很早就有了深思熟虑后的答案，这并非仅用高尚科学情操就可以简单解释，他们比普通人看得更全面、更长远。首先，从科学界的共识来讲，一种新元素的发现属于全人类，不可能为此申请专利权，但镭元素的提炼工艺是可以申请的，本是无可厚非之举。皮埃尔即便性格孤傲也并没有排斥专利申请行为，毕竟这是对科学技术研究者的保护、肯定和褒奖。早年，皮埃尔和哥哥就曾为居里天平申请过专利，并获得了一小笔专利使用费。其次，在科学界有很多先例可以借鉴。瑞典化学家、实业家阿尔弗雷德·诺贝尔拥有300多项专利，获得巨额利润，临终前设立了诺贝尔奖以奖励为人类科学和和平事业作出伟大贡献的人物，是在专利上获利回馈社会的典范。与之相反，伦琴放弃了为X射线技术申请专利，没有从医学和产业领域获利，使得X射线技术发展迅速，自己却在贫病交加中离世，是品格高尚科学家的楷模。

居里夫妇的决定是衡量利弊后的优选。假如他们为提炼工艺申请专利而获得财富，也必然会将其用于科研和回馈社会，这从夫妇俩日常生活物欲极低，玛丽刚拿到第一笔报酬就如数返还奖学金，拿到诺奖奖金的安排就可见一斑。但是他们一旦申请专利，就意味着为科研、医学和工商业方面都有着巨大潜力的新兴研究领域平添了障碍，铀矿石价格和提炼成本都将水涨船高，原料可能出现垄断情况，各国科学家的研究工作必将停滞不前。此前居里夫妇的研究工作得到了各国科学家和机构的帮助，才在没有法国政府的支持下取得成功。而放射性被发现后的科研进展也表明了一项如此重大科研项目依靠单打独斗是走不远的，一定需要各国同行们的交流与协作。综合考量之下，申请专利既有悖于居里夫妇信仰的科学精神，又将阻碍放射性科学的发展，所以他们的选择是合情合理的。除了放弃专利，居里夫妇还将镭样品赠送给奥地利医院和英德同行们，以表达对当年奥地利政府赠送矿渣之善举的投桃报李，以及对科学同道们在科研之路上互通有无、并肩奋战的惺惺相惜。爱因斯坦在多年后赞美玛丽是"唯一不被名利腐蚀的名人"。

名利压身的1904年，居里夫妇泰然处之，重归正常的工作和生活。这年年底，居里家又一位小公主降临——次女艾芙诞生。黑发蓝眼、性格格外活泼的小艾芙惹得家人和朋友们异常疼爱。玛丽像当初长女降生后一样，细致记录下婴儿第一次翻身、站立、行走、说话等成长点滴。居里夫妇的身体和情绪逐渐恢复常态，居里一家享受着难得的天伦之乐。

1905年6月，居里夫妇决定赶赴斯德哥尔摩，履行延期一年半的诺奖颁奖礼。按惯例，皮埃尔代表夫妇二人发表了获奖演说《放射性物质镭》。他简要描述了放射性的发现和研究历程，以及放射性的种种特性和在物理、化学和医学上的意义和前景。演讲中，他十余次提及爱妻的名字，采用的主语几乎是"我们"，这既为玛丽的贡献正名，也流溢出浓浓的爱意。演讲的结语更是振聋发聩、发人深省：

我们可以想见，如果镭不幸落于恶人之手必将变为危险之物。如此便生出一个问题：探明自然的奥秘是否对人类有益？人类从新发明发现中得到的益处更多还是害处更多？此处，我想以诺贝尔的发明来阐明，这是一个典型例子。诺贝尔发明的烈性炸药可以让人类创造奇迹，但它落到那些把民众推入战争的罪魁手中就会变为恐怖的杀人武器。我是崇信诺贝尔的人们中的一员，我坚信，新发现对人类而言将会利大于弊。

*

居里夫妇获得的1903年诺贝尔物理学奖证书

返回巴黎后，法兰西科学院终于迫于舆论压力将皮埃尔选为科学院院士。这迟来的头衔并没有让皮埃尔有些许兴奋和满足，他只是摇摇头说着："这有什么用？"他想要的只是一间属于自己的实验室。真正让皮埃尔满足的是放射性和镭元素在物理、化学和医学上仍然具有极大的探索空间，自己年轻时提及的"梦想照进现实"已成为现在进行时。这时的居里夫妇功成名就，家庭美满，岁月静好。

1906年春天，居里一家四口去巴黎远郊的农舍欢度复活节假期，其乐融融。14个月大的小艾芙刚刚学会走路，执拗地不走大道偏要走在干硬的车辙里，惹得父母和姐姐大笑不止。一家人沿着当年居里夫妇新婚蜜月旅行的路线故地重游，行至那面小池塘前。池塘水早已干涸，皮埃尔曾经为爱妻采摘的睡莲和用来恶作剧的小青蛙都已不复存在，只有塘边一丛丛娇艳的金雀花。四人在草地上小憩，玛丽和皮埃尔回忆着当年的浓情蜜意，伊雷娜欢悦地扑着蝴蝶，小艾芙玩累了蜷缩在小毯子里甜甜睡去。

4月16日，周一，皮埃尔因公务繁忙先行返回巴黎。18日，周三，玛丽带着两个女儿返家。当夜，巴黎风雨大作。19日，周四，清晨大雨骤停。皮埃尔这天事务较多，早早准备出门。走到门口时，他回过身，仰头对着楼上询问玛丽要不要在索邦大学碰头。玛丽正在给两个女儿穿衣服，调皮的小艾芙总是不配合。没有听到回复，皮埃尔又追问了一遍。玛丽有些不耐烦地回复

"别烦我了"。皮埃尔只得笑笑,拿了把雨伞走出门去。终于忙完后,玛丽起身看了眼窗外:阴云密布,暴雨将至。

第八章

梦魇 1906

"工作下去,玛丽!"

飞来横祸

1906年4月19日晨，经历一夜大雨的巴黎道路泥泞不堪，塞纳河水位已超过警戒线，厚重的阴云仍然挤满天空，城市一片沉郁。

皮埃尔准时到达索邦大学实验室开始上午的日常工作。玛丽始终没有出现，他与理学院的年轻教授们共进了午餐，其间讨论了法国高等教育改革事宜。下午2点，皮埃尔离开前邀请佩兰和朗之万到自家共进晚餐，继续此前的讨论。当他走出餐厅大门时，暴雨不出意外降临。他撑起一把大黑伞走进雨中，糟糕的天气让他的关节炎更加严重，步履比平日更为艰难。

在一家出版社门前，皮埃尔吃了闭门羹。原来今天刚好巴黎印刷工人罢工，赶来取自己论文集清样的皮埃尔只得空手而归，前往法兰西科学院拜访友人。雨越来越大，皮埃尔走过塞纳河上的新桥，行至多芬大街。老城区本就道路狭窄，马车、货车、路人、小贩交织在一起，大雨中更显嘈杂混乱。皮埃尔一边想着午餐会的讨论，一边准备穿过街道，一辆出租马车却停在面前挡住了去路。他只得绕到马车后面，紧紧抓住伞柄对抗着风雨，向街对面走去。

突然，身旁的路人发出一声惊呼。皮埃尔猛一抬头，右侧一辆马车向自己疾驰而来。路人们高呼"停车"，马车夫这才在模糊的视线里发现了街道中间的皮埃尔，拼命勒紧了缰绳。但是这辆5米长、载着6吨军备物资的重型马车由于惯性根本刹不住了，马匹前蹄高高扬起。慌乱中，皮埃尔勉强躲过马蹄，试图抓住马身上的挽具。但由于雨伞碍事和脚底打滑，他重重摔在地上。电光石火间，皮埃尔幸运地躲过了两匹马的踩踏。正在路人以为有惊无险而嘘出一口气时，马车左后轮碾过他的头颅，皮埃尔当场殒命。

马车滑出很远停了下来，车夫被吓得目瞪口呆，路人纷纷围拢过来指责车夫。警察闻讯而至，查看死者身上的证件后明白此人非同小可，迅速控制住车夫，派人通知索邦大学理学院和法国内政部。皮埃尔的助理赶来确认了死者身份，警察将车夫带回讯问，救护车将皮埃尔的尸体运到警局。

晚些时候，法国总统的特使最先赶往居里家报丧。得知玛丽不在家，使者没有将噩耗告知老居里医生，即刻返回。没过多久，理学院院长阿佩尔和佩兰敲开了居里家的大门。二人得知玛丽未归，同样不忍将皮埃尔的死讯通知老人家，只是呆坐在那里等待玛丽。老居里看到两位访客神色凝重、惨然，猜到了八九分。"我儿子……死了？"试探的询问得到了确认的答案，居里医生老泪纵横。得知事件简要经过后，老人喃喃着："这一次他又在想什么呢？"

魂飞魄散

傍晚6点，玛丽领着女儿们回到家。见到神色不安的来客和满脸泪痕的公公，玛丽心中闪过一丝不祥之感，迅速让保姆领走两个女儿。佩兰用尽量温和的言辞叙述着发生的惨剧。"下午……多芬大街……马车……"断断续续的词语闪过脑际,玛丽听得精神恍惚。"皮埃尔……死了?"飞来横祸让玛丽一时间不敢相信,甚至来不及悲伤。

"不,不要解剖!"玛丽拒绝了尸检的要求,只需佩兰协调尽快将皮埃尔的尸身运回家。随后,她将女儿们委托给佩兰夫人照顾,自顾自走出门,等待皮埃尔回家。她坐在雨幕中的花园里,在夫妻俩共同栽种的花木之间的长椅上,双肘支在膝盖上,头深深埋进手中。她没有流泪,像株植物一动不动,只是静静等待。

遗体和遗物被救护车送来。玛丽抚摸着皮埃尔的遗物:钢笔、钱包、钥匙、一块完好的怀表和玛丽那张"乖巧女学生"的照片。皮埃尔的头部缠着沾满了血污的纱布,身上也满是泥污。玛丽一声不响地为亡夫擦拭脸孔,换下脏衣。冷静得可怕的玛丽拜托众人将遗体放置在一层的一间小房内,便关上了房门,独守在遗体旁。众人无语,默默告辞。雨歇,静夜漫长,悲伤一点点生长出来。

次日凌晨,雅克急迫地敲开了居里家的大门。一见到和皮埃尔神似的兄长,玛丽瞬间控制不住心中悲伤的湍流,痛哭失声。亲朋好友渐次赶来吊唁,学界和政府发来唁电,一家人忙乱地筹措皮埃尔的后事。痛哭后的玛丽这才接受了皮埃尔已经离世的事实。艾芙尚在不懂事的年纪,无须担心,玛丽对9岁的伊雷娜谎称父亲头部受伤需要静养。后事安排妥当后,玛丽依旧一言不发地送走众人,独自帮助亡夫整理遗容,并将花园里的长春花和自己的照片轻轻放在皮埃尔胸口,默默地守在棺木旁。

按照玛丽的要求,葬礼从简,只有亲朋好友参加,布罗尼娅和约瑟夫从波兰赶来送葬。皮埃尔被安葬在索镇其母墓穴的旁边,玛丽又一次穿上了黑衣,挽着老居里的臂弯,走在送葬队伍的前面。告别仪式后,棺木沉入墓穴,玛丽又折返回来,从身旁人手中抢过一束鲜花,跪在墓穴旁,将花瓣撒向棺木,口中喃喃低语。众人见此情景无不伤感,皮埃尔中年猝然离世,对这个女人打击实在太大了。

葬礼次日,玛丽认为女儿有权获知实情,便来到佩兰家,向伊雷娜说出了皮埃尔去世的真相。伊雷娜出人意料地没有哭闹,似乎没听懂的样子,手里的一本书都没有放下。也许年龄太小了还不懂事,玛丽这么想着回了家。妈妈刚离开,伊雷娜大哭不止。小小年纪的她并不是不懂事,她已经从这几天家中的异常看出端倪,只是担心在母亲面前哭会让她更难过。随后伊雷娜收拾好东西告别佩兰太太,回到家中陪伴表面冷静却伤心欲绝的母亲。夜间,伊雷娜被噩梦惊醒,伸出双手找妈妈,口中喊着:"妈妈你还活着吗?"母女俩紧紧拥在一起,度过悲伤的长夜。

那些黯淡日子里,老居里负责照顾两个小孙女,二姐布罗尼娅担心小妹妹,坚持留下来帮玛丽渡过难关。家人们可能无法真正理解玛丽的伤痛。皮埃尔的离世对玛丽来说,并不只是普通人的丧偶之痛。居里夫妇二人是灵魂伴侣兼事业搭档,身心早已合二为一。失去皮埃尔,就意味着失去了自己，变为没有灵魂的躯壳。那些魂不守舍的日日夜夜里，皮埃尔的话犹在耳畔："即使成了没有灵魂的躯壳，也要坚持工作下去！"是啊，皮埃尔的文集还没有出版，他的教学还要继续，他们未竟的科学事业，一对幼年女儿，一位年迈老人，如此种种都需要玛丽独自扛在肩上。悲伤流淌成河，责任是救命的小舟。

玛丽的状态日渐恢复，实验室和家里重又出现她忙碌的身影，布罗尼娅这才放心地告辞。临别前夜，玛丽把二姐叫到屋里。布罗尼娅一进房间就发现有些异常，时值初春季节，屋里却生了火炉。只见玛丽手拿一个包裹在火炉前坐下，打开包裹取出几件衣物，用剪子将衣物剪成条，一条条扔进火里。布罗尼娅定睛一看，原来妹妹手中正是皮埃尔的血衣。布罗尼娅冲过去，拼命夺过那些衣物，一股脑扔进火炉里，再将妹妹一把揽进怀里。姐妹俩抱头痛哭。火焰熊熊，泪水滚滚，玛丽任悲伤肆意释放。布罗尼娅相信妹妹此举意味着天大的痛苦也终需做个了断，继续自己该做的事业，该走的人生路。

二姐走后，玛丽将悲痛彻底掩埋在心里的隐秘角落。只有在忙碌完一天的深夜里，玛丽心底的悲伤才偷偷浮现。无人可诉的玛丽，选择向去世的皮埃尔倾诉。1906年4月30日起，玛丽开始在日记本上写下一句句懊悔、哀思、悲喜和憧憬。

> 那天我要是去实验室找你，也许就不会……
> 清晨告别时，我太不温柔了，早知……

你就安静地躺在那里，像是睡着了一样……

我不敢看你的伤口，那得多疼啊……

花园里的长春花越来越茂盛……

我开始爱上阴雨天，和你离去那天一样……

女儿们都很好，艾芙很招人喜欢，伊雷娜性格很像你，本该成为你的研究搭档……

政府要给我抚恤金，我拒绝了，因为我还年轻，可以自食其力养活女儿们。

索邦大学的教授们提议让我代替你教授物理学，我答应了。

居然有人愚蠢到向我祝贺……

接替亡夫的教职，对玛丽来说既是告慰又是挑战。迎接她的是又一次史无前例——索邦大学第一位女教授。整个夏天，玛丽安排老居里医生带着两个小孙女到乡下度假，自己躲在房间里认真翻阅皮埃尔的教学讲义以备课。

秋天，玛丽决定举家搬到索镇居住，为的是距离皮埃尔近一些。为皮埃尔的文集做校对、撰写导言，主持皮埃尔的实验室工作，准备索邦大学新学期的物理课，玛丽在忙碌工作中逐渐将悲痛化为一种信念：不仅为自己，还要为皮埃尔而活，让他为自己骄傲。同时，玛丽心里还埋藏着一个皮埃尔未能实现的夙愿：一个独立、先进的放射性研究所。

玛丽教授

1906年11月5日，周一，索邦大学新学期开学的日子来临。下午一点，只有120个座位的阶梯教室挤进了二三百人。学院领导、同事、好友，皮埃尔的学生，塞夫勒女子学校的学生都赶来见证玛丽的重要时刻。诺奖得主，第一位女教授，继承亡夫遗志的孀妇，这些吸引眼球的设定也引来大批名流贵妇和媒体记者，他们都盼望着目睹一场动人的"悲情秀"。一些打扮时髦的贵妇抢占了第一排座位，夸张奢华的帽子甚至挡住了后排学生的视线。"观众们"窃窃私语中，院长阿佩尔起身宣布，为尊重玛丽的意见，决定取消传统的就职仪式，一切从简。仪式感的缺失让一些好事之人不免失望，他们转而低声讨论着玛丽将讲出如何动人的开场白，如何宣扬女性在科学界的地位提升，如何评价亡夫，说到动情处是否会潸然泪下。

一点半，一袭黑衣的玛丽准时悄然推开教室大门，缓步走上讲台，台下顿时响起掌声。身形消瘦、面色苍白的玛丽放好讲义，双手撑在讲台边缘以稳定身体和情绪，静等掌声结束。"回顾近十年的物理学发展，我们会惊异于电磁学和新物质领域的探索导致的思想巨变。"记者和贵妇们听得一头雾水，可是皮埃尔的学生们却瞬间热泪盈眶。玛丽说出的第一句话正是上学期最后一堂课中皮埃尔的结语。在这神圣的课堂上，她不想感天动地，只专注于教学内容。索邦大学的教授们频频颔首。玛丽的讲授与皮埃尔无缝衔接，简要但完备地梳理了放射性被发现以来的发展脉络，介绍了学界的研究成果，展望了学科的未来方向，为整个学期的教学计划起到了提纲挈领的作用。学生们聚精会神地听着，全然忘记了这位新教授的性别和身份。一堂课就这样在不知不觉中结束了，众人反应过来准备再次鼓掌时，玛丽早已抱着讲义消失在门口。

将喧闹甩在身后，快步走在走廊里的玛丽表面上镇定自若，实际上心潮澎湃。不明内情之人只把她当作皮埃尔的遗孀，能做教授是特殊关照的结果。她用实际表现证明了自己可以成为出色的科研工作者，也可以成为优秀的大学教授。她做到了，皮埃尔也会为她骄傲。更让玛丽自豪的是，15年前索邦大学开学第一天，那个波兰来的穷学生就在这间教室里听着阿佩尔教授如何"把太阳扔出去"；这一天，那个女生经历了生活和事业的种种磨难，勇敢地站到讲台上讲授世界最前沿的科学知识。

这天回家后，玛丽在日记里向皮埃尔汇报了第一堂课的成功。"明天是我生日，即将39岁……"玛丽·居里教授坚强地从痛苦中走了出来，拥抱新的生活。老居里医生给伊雷娜讲植物学、历史知识和文学诗歌，带着小艾芙到花园里玩耍，家庭日常事务有保姆负责，玛丽得以全身心投入教学、实验与科研工作之中。每天早上不到八点，玛丽要乘坐半小时的火车再步行到索邦大学，一天充实、紧张的工作后，往往很晚归家。两年后，鉴于玛丽的出色表现，索邦大学授予她理学院正教授职位。

*

玛丽和两个女儿，1908年

时光匆匆，两个女儿日渐成长，老居里却愈加年老体衰。1909年冬，经历了一年病痛缠身的老居里染上肺炎，于次年2月在索镇病逝。最难过的人是伊雷娜。自从出生后，父母大部分时间忙于工作，爷爷是她最好的玩伴。父亲意外去世后，伊雷娜逐渐懂事，生怕给母亲增加心理负担，所以心里话都向爷爷倾诉。老居里给伊雷娜讲基础知识和人生道理，是她的人生启蒙者、性格塑造者、心事倾听者和生活陪伴者。

玛丽操办了老人家的后事，将其棺木葬于居里家的墓穴内，还特意在皮埃尔的棺木上面预留了自己的位置。身边的至亲逐个离开，人到中年的玛丽无所依凭，只能靠自己。她既要做工作上的女强人继续科学研究和教学，又要做居里家的一家之主，把一双女儿养育成人、成才，还不曾忘记皮埃尔未圆的那个梦。

1910年，镭研究所终于有了眉目。法国政府同意出资联合巴斯德研究所共同筹建镭研究所。这年9月，玛丽受邀参加了在布鲁塞尔举办的"世界辐射学和电学大会"。会上，科学家们商定将放射性强度单位（一克镭衰变生成氡的放射强度）命名为"居里"。同时，各国科学家认定玛丽提炼的21毫克纯镭盐作为镭元素的计量标准。玛丽一度坚持将样品保存在自己的实验室里，而不是送交国际度量衡标准局。这个略显霸道的举动引起部分同行的不满，他们体会不到玛丽将镭元素视为自己和皮埃尔的孩子一般那种心情。

总结多年理论和实际经验，玛丽出版了近千页的放射性专著《论放射性》，她已成为放射性研究领域的绝对权威。1910年年底，法兰西科学院出现院士席位空缺，同事好友们积极劝说玛丽参选。玛丽的职业生涯创造了很多次"首位女性"的头衔，此时的她尽管对名誉并无贪念，但心里也觉得这是顺理成章之事。院士选举日那天，敏锐的报刊记者们都扑向科学院准备再次消费玛丽创造的热点话题。玛丽本人则在实验室照常工作。实验室的同事们都知道玛丽一贯低调，只准备了一束鲜花，偷偷藏在桌子下面。

第九章

风暴 1911

"滚出法国,夫人!"

女人除外

1911年1月23日，星期一，玛丽的实验室依旧如常般繁忙却宁静，法兰西科学院大门口却热闹得一反常态。大小报刊的媒体记者和摄影师将那里塞了个水泄不通，前来投票的58位院士均被堵在门外。院士选举这件顶级科学圈的小范围要事前所未有地成为被媒体关注的社会焦点事件，在各路媒体人的卖力渲染下，已成为上至权贵政要、下至普通巴黎市民餐桌上的谈资。因对两大热门候选人玛丽与布朗利的支持，科学家和民众分成对立的两派。

爱德华·布朗利，时年66岁，精于电磁学研究，在无线电领域研究作出了卓越贡献，但被诺贝尔奖忽视（1909年的诺贝尔物理学奖颁给了马可尼与布劳恩，以表彰他们对无线电发展的贡献），在法兰西科学院院士竞选中也曾两次失利。布朗利成为院士热门人选似乎合情合理，但这些看似有说服力的理由却掩盖了他身上那个真正起关键作用的标签——法国男人。

玛丽对科学的贡献堪称伟大，得到了诺奖和世界科学界同行的普遍认可，是放射性研究的绝对权威，在科学教育领域也继承了亡夫的衣钵，其竞争力明显优于布朗利。但她身上却有个很多人不愿明言的不利标签——外国女人。

自普法战争战败后，法国政局一直处于动荡之中，民众无所适从、怨声载道，民族主义、排外情绪借机抬头。割地赔款、国力不振导致的怨气都发泄在德国人、犹太人、非天主教徒的身上。轰动全法国乃至欧洲的"德雷福斯事件"就诞生于这个历史背景下。

1894年9月,法军情报人员截获一封本国军官向德国武官出卖军事机密的信件,经过极不严谨的笔迹比对,将总参谋部一名犹太裔见习军官阿尔弗雷德·德雷福斯锁定为间谍,继而对其审讯、逮捕、示众、审判,在证据不足情况下判处他在法属圭亚那的魔鬼岛终身监禁。1896年3月,新任情报处处长皮卡尔在调查中发现真正的罪犯另有其人,并要求军事法庭重审。军方采取了掩盖事实、伪造证据、煽动媒体、反诬皮卡尔失职等一系列操作,将皮卡尔免职调往突尼斯。1898年1月,进步作家左拉在《震旦报》发表致总统的公开信《我控诉》,激起了民众要求司法公正的抗议。适逢法国政坛面临更替,要求重审德雷福斯案件的社会运动引起了政界的关注,法国社会据此分裂为"德雷福斯派"和"反德雷福斯派"两个阵营。随着军方伪造证件的事实暴露,真正的间谍畏罪潜逃伦敦,在民意的强大压力下,1899年9月,军事法庭不得不启动重审。军方表面上承认了自己的过失,但仍判德雷福斯有罪,只是将终身监禁改判为10年徒刑。9月19日,总统决定赦免德雷福斯,以息民愤。直到1906年7月,最高法院才撤销原判,为德雷福斯平反昭雪、恢复名誉和军职。

一名法军低阶军官被诬间谍的案件之所以受到全社会的关注,乃至成为后世研究20世纪初法国政治和社会的典型案例，是因其反映了当时法国剧烈的政治和社会矛盾。政敌为之争辩，亲朋为之反目，甚至有夫妻因意见针锋相对而离婚。秉持正义之人坚信德雷福斯承受的5年冤狱、12年冤罪一定能昭雪，而固有偏见之人却仍然给出比"莫须有"更可笑的答案：不是他还能是谁？即便案情最终真相大白，德雷福斯承受的无妄之灾已无法弥补，法国社会中弥漫的排外情绪并没有消散。

作为一位嫁给法国人的波兰留学生，玛丽在科学界和社会上也遭受了对于"外国人"的另眼相待。而另一个被认为理所当然的劣势就是她的女性身份。

20世纪初，欧洲的女性社会地位相比中世纪并没有根本提高。启蒙运动和工业革命让更多女性有了学习文化和参与工作的机会，但没有给她们相应的权利。英国、俄国和美国的女性在20世纪20年代才通过抗争获得了选举权，而法国女性获此权利却要等到1944年。在玛丽竞选院士的时刻，法国女工享有自己工资的所有权仅仅不过4年。德国人曾形象地用三个词来限定当时的女性活动范围和存在价值：孩子、厨房、教堂。

在科学领域，女性更是"天经地义"的局外人。玛丽投身科学事业起步阶段乃至成熟阶段，一度都被视为皮埃尔的"贤内助"。玛丽与皮埃尔访英期间结识的英国著名女科学家赫尔莎·埃尔顿，毕业于剑桥大学，在电磁学领域造诣极高，获得十余项发明专利，同时她也是一名女性权利活动家，参与了为英国女性争取平等权利的示威、绝食等活动。一位如此杰出的女性科学家，却被英国皇家学会拒之门外，理由是学会章程规定"已婚女性禁止入会"，不会为赫尔莎破坏他们的"规矩"。

竞选院士的玛丽面临民族主义和男权统治的双重压力，法国媒体又在这位著名的遗孀身上嗅到了热点，对这项原本普通的选举大肆渲染。一些不良媒体更是为了博眼球不择手段。一家报纸竟然整版刊登了形如通缉犯的玛丽正面照和侧面照，并根据面相和笔记分析其人品，质疑玛丽参加竞选的资格，以满足公众的猎奇之心。

选举当天，媒体蜂拥而至。会议主席不得不任由与科学毫不相关的人挤进了会场，唯独拒绝女性进入。一片嘈杂声中，第一轮选举结果出炉：布朗利29票，玛丽28票，布里渊1票。由于得票均不过半数，主席宣布暂时休会，随后进入第二轮投票。又一片嘈杂后，主席宣布第二轮选举结果：布朗利30票，玛丽28票。明眼人都看出那关键的1票左右了结果，布朗利最终胜出。

保守者们虚惊一场，满意地走出会场。记者们边走边忙不迭地撰写引发热议的稿件，反正玛丽当选与否，他们都有的写。实验室中的玛丽接到了友人电话，获知选举结果后，不置一词，继续工作。同事们则悄无声息地收起了庆祝用的鲜花。

竞选失利对玛丽来说也许并不意外，她选择接受但不后悔曾争取的过程。仅一个月后，一位老院士辞世，院士名额再次空缺，友人建议玛丽再次参加竞选，成功机会将会很大。玛丽选择放弃这个机会。第一次参加竞选与第二次放弃都是为了尊严。玛丽的失利对法国科学界也不意外。法兰西科学院的保守派们总会担心他们的堡垒出现裂缝，甚至颠覆他们的绝对统治地位。他们为此坚守了几十年。直到1962年，曾为玛丽实验室助理、发现元素钫的玛格丽特·佩雷成为法兰西科学院第一位女性通讯院士，1979年，证明了爱因斯坦广义相对论的适定性的伊冯娜·布鲁哈特成为法兰西科学院史上首位正式女性院士。

女性对于科学研究及社会生活的平等权利的追求任重道远，正如1977年诺贝尔生理学医学奖得主罗莎琳·耶洛在获奖演讲中所说："我们不可能期待在短期的未来，有追求的女性都将获得平等的机会。但是如果女性开始向这个目标努力，我们就必须相信自己，否则其他人不会相信我们。我们必须把我们的渴望与我们获得成功的能力、勇气与决心结合起来，我们必须懂得，使以后那些女性的道路宽松一些是我们每个人的责任。如果我们去解决困扰我们的诸多问题，这个世界就不会承受人类一半智力的损失。"

诚如斯言，玛丽虽然竞选失利，但佩雷、布鲁哈特这些后继者一定会明白自己的成功有一部分原因是：玛丽来过。

竞选事件"如愿"告终，科学圈风平浪静，可不良媒体却还没停止消费玛丽的想法。他们堵在实验室门口采访玛丽，试图拍下她难堪的表情。不久后，记者们又捕捉到了新的素材，这次他们不仅要看这位名女人的笑话，还酝酿着更大的恶意。

风刀霜剑

1911年春天，巴黎小报上开始爆出猛料：玛丽和朗之万的绯闻。

保罗·朗之万出身贫寒，却天资聪颖，曾先后求学于巴黎理化学校、英国剑桥大学、索邦大学，并在皮埃尔指导下取得了博士学位。作为皮埃尔的学生、同事和朋友，法国科学界的青年才俊，朗之万逐渐跻身法国顶级科学圈。他性格开朗、举止干练，刚毅的寸头和大八字胡散发着一副军人气派。然而，他的婚姻生活却不那么幸福。大学毕业后他早早结婚，娶了一位陶瓷工人之女，育有四个孩子。他夫人没有文化、性格粗暴，不仅不理解朗之万的科学追求，还常常抱怨丈夫不懂发财之道。夫妻俩的日常生活充斥着吵吵闹闹，朗之万夫人还不时使用暴力解决矛盾，酒瓶和椅子偶尔会飞到朗之万的头上。

朗之万把科学研究当作理想事业以及糟糕生活的避难所。因师生之谊和学术上的惺惺相惜，朗之万逐渐走进了居里夫妇的工作和生活。他先后接替了皮埃尔和玛丽在理化学校和塞夫勒女子学校的教职，也积极参与居里夫妇的科研项目，在生活中也和居里夫妇、佩兰夫妇成为好友。皮埃尔意外离世后，朗之万责无旁贷在事业和生活上给予玛丽支持，帮她渡过难关。到了1911年春天，朗之万和妻子分居已久，索性在玛丽的实验室附近租了间房居住。朗之万夫人妒火中烧，雇了私人侦探潜入丈夫的租住地，偷走了他的私人信件，将信件内容爆料给小报。

"著名的遗孀与亡夫的学生有婚外情！"恶俗小报和好事之徒都嗅到了绯闻的价值。堵在门口采访的记者，街道上探头探脑的摄影师，餐桌旁眉飞色舞的小市民，整个夏天玛丽的工作和生活都陷入无端打扰之中。朗之万夫人甚至在巴黎夜晚的街道上跟踪、堵截玛丽，当面威胁要将她和朗之万的私人信件交给报社，让玛丽身败名裂。

舆论大有愈演愈烈之势，听从好友佩兰的建议，玛丽决定借国外科学机构邀请之机，出去避避风头。她在意大利和荷兰等地参加了科学会议后，还带上两个女儿返回了波兰。她欣喜地看到，波兰政治局势日渐好转，社会各界尤其是科学界的发展蒸蒸日上。在玛丽的深情讲述中，女儿们也认识了自己的另一个祖国。

巴黎的秋天逐渐转凉，可关于玛丽的负面消息却并没有降温。回到家的玛丽察觉到，自家门外总有鬼鬼祟祟之人徘徊，这让她心神不宁。10月底，巴黎小报又爆出新料："居里夫人和朗之万私奔了！"不明真相之人发现二人的确都不在巴黎。然而事实是，玛丽和朗之万都受邀到布鲁塞尔参加索尔维会议。

*

1911年首届索尔维会议,居里夫人(前排右二)与亨利·庞加莱讨论;后排右四是欧内斯特·卢瑟福;右二是阿尔伯特·爱因斯坦;右一是保罗·朗之万

  1911年10月30日,第一届索尔维会议在布鲁塞尔召开。比利时化学家和实业家欧内斯特·索尔维,幼年即对自然科学产生兴趣,16岁因病辍学进入工厂做学徒,21岁参与家族企业,后与其弟创办第一座工厂,27岁发明新的制碱法,由于苏打在工商业广泛应用获得了巨额财富。商业成功后的索尔维并没有忘记儿时因失学而中断的科学梦想,一方面自己坚持物理化学研究,另一方面也想效仿创办诺贝尔奖的阿尔弗雷德·诺贝尔回馈社会和资助科学研究。他决定出巨资举办一次全世界顶尖物理学家的会议,在世纪之交科学

新思潮层出不穷之时，给学者们提供一个思想碰撞的舞台。

与会人员都是当时顶尖学者，既有洛伦兹、普朗克、庞加莱等科学泰斗，也有玛丽、卢瑟福、佩兰等中流砥柱，还有爱因斯坦、朗之万等后起之秀。会议主题是"辐射与量子"。基于玛丽开创的放射性研究和普朗克、爱因斯坦在光量子理论上的初步探索，"量子"的概念成为科学家们争议的主要内容。放射性的研究让科学家们对原子微观结构有了实在的认知，光量子理论提供了一种与经典物理学截然不同的思路，量子的实在性逐渐被接受。这次会议是量子力学诞生的舞台，经典物理学和现代物理学的分水岭。16年后，堪称"神仙打架"的第五届索尔维会议上，创立广义相对论的爱因斯坦携手薛定谔、德布罗意将与玻尔、海森堡、泡利代表的哥本哈根学派当面对决。其结果是相对论和量子力学成为现代物理学的两大支柱。

1911年索尔维会议上的玛丽意气风发，沉浸在人类顶级的头脑风暴中。她与爱因斯坦在交流中彼此欣赏，建立了长久的伟大友谊。两人那段著名的对话也成为科学史的美谈。初出茅庐的爱因斯坦主动向玛丽握手，发现她手上的斑斑伤痕。玛丽则笑着回道："这都是放射性的功劳。"随即她又用手指在空中比画着爱因斯坦的质能方程（$E=mc^2$）继续说："正是你的公式的明证。"

但如此严肃的科学会议也没能成为玛丽的避风港。会议期间一天早餐前，玛丽走在会场酒店大堂时，几个记者闯进来，贸然将一张法国报纸塞到她手中。报纸头条赫然写着"爱情故事：居里夫人与朗之万教授"。玛丽顿时愤怒无比，当即撰文在法国报纸上表示抗议。与会的科学家们都不是俗劣之辈，不会拿绯闻当回事。爱因斯坦也公开表示了对玛丽的支持，称法国媒体"滑稽可笑"。可会议结束回到巴黎后，玛丽感觉到事态已经发酵到失控的地步。

雪上加霜的是法国科学界的态度。即便玛丽没有成为院士，科学院保守派们仍觉得她的负面消息有损法国科学界的声誉。昔日恩师、索邦大学理学院院长阿佩尔联合法国教育部，纠集了一众大学教授，准备提请校方解除玛丽的教职。

危难之时，玛丽的朋友们给予了坚定的支持。佩兰夫妇负责安抚玛丽及照顾她的两个女儿。皮埃尔的哥哥雅克来访，表示支持玛丽反击流言。阿佩尔的女儿强烈反对其父的所作所为，当面宣称如果玛丽被解除教职，就断绝父女关系。就算阿佩尔愤怒地将鞋子扔向女儿，也没有吓倒她。作为当事人之一的朗之万，用自己的方式反击媒体的恶意。

11月23日，《工人报》刊登了玛丽给朗之万的私人信件，明显被编辑过的信件内容显示玛丽对朗之万的婚姻给出了"建议"。闻讯的朗之万怒不可遏，随即向该报主编特里提出了决斗挑战。25日，巴黎王子公园自行车馆内，决斗如约而至。朗之万与特里身着礼服、手持左轮手枪，相距25步侧身相对。这是一场标准的决斗，双方都配置了助手、医生和公证人。公证人发令，朗之万举枪瞄准，特里垂手没有举枪。朗之万放下枪，再次举起，特里仍无动作。如此三番，双方均表示放弃。各自的助手取过手枪、对空鸣放，决斗宣告终止。特里事后表示，他"不愿法国失去一颗聪明的脑袋"，朗之万则表示自己不是谋杀犯。

极具观赏性、话题性、戏剧性的决斗结束了，双方似乎均表示满意，大小报刊纷纷全程报道。为什么本该出现在欧洲中世纪的一对一决斗场面却在20世纪初的法国社会仍然是解决名誉争端的手段？内中缘由值得思考。决斗方式起源于中世纪骑士阶层，直到17世纪，欧洲各国的贵族、学者、军人仍然热衷于用决斗来彰显"骑士精神"。20世纪初，骑士阶层早已消失，司法制度日渐完备，但是在男性精英阶层以及民众中还残存着所谓的"骑士精神"。普法战争失败后的法国民众更是将恢复阳刚传统、振兴法兰西民族视为己任。一些公众人物和媒体人都在发生名誉冲突时首选决斗分出胜负，而将诉诸司法手段视为懦夫之举。在朗之万与特里决斗前后，还有四起因玛丽绯闻而起的决斗，均有媒体人出场，而他们选用的是更加复古的武器：剑。

然而，这种貌似为了个人名誉以命相搏的决斗，实际上更像是一场彰显雄性气概的行为艺术。大多数参与决斗的人的终极目的并不是杀死对方，而是把决斗场当作秀场，只要站上决斗场就已经赢了，倘若决斗中挂点"彩"那将更加完美。而且为人忽视的是，这些所谓的男子汉为了自己的名誉在决斗场上举枪弄剑，却没有一个人问问那些"被代表的女性"的意见。公众只想用道德规范要求别人，尤其是要求女人。在这件科学史上著名的绯闻中，没有人对朗之万有何微词，所有罪责都加于玛丽一身。

1911 年巴黎的冬天并不比往年更冷，可玛丽却承受了整整一年的风刀霜剑，心情极度压抑，身体状况堪忧。绯闻事件中，玛丽承受着与院士选举时一样的民族主义和男性霸权的双重恶意，而这一次支持她的力量明显不像年初时和对手势均力敌。就在玛丽几近崩溃时，斯德哥尔摩发来了一封电报。12 月 10 日，诺贝尔奖委员会通知玛丽，她将获得当年的诺贝尔化学奖。然而，就在她没来得及和亲友们分享这一巨大喜讯，对于自己的身体能否支撑瑞典之行而犹疑时，另一封信到来。一位诺奖委员会成员来信声称刚刚获悉玛丽在法国的绯闻闹得沸沸扬扬，为她考虑而希望她最好不要在这个特殊时刻出席颁奖典礼，言下之意却是唯恐有损诺奖声誉。这封貌似好意的信瞬间激发了玛丽深藏在脆弱和恐惧之下的超凡勇气。世人可以诽谤我、攻击我，但阻止不了我站到世人面前，拿到我应得的荣誉。斯德哥尔摩，我去定了！

变化之学

诺贝尔奖委员会给出的颁奖理由是"发现镭和钋元素，提纯并研究了镭元素及其化合物的性质"。实际上，钋和镭早在 1898 年就被居里夫妇发现了，为什么诺奖委员会时隔 13 年才颁给她化学奖项？一方面缘于谨慎，一种新元素被发现需要学界的普遍认可，化学家们需要得到可称量的原子量。另一方面，一种新元素的发现还不足以获得诺奖，之所以时隔多年仍要表彰这项发现，是因为镭的发现对化学这门学科意义十分重大，甚至可以作为一次化学革命的标志。

真正意义上的化学诞生至今不过400年，比起数学和物理显得还很年轻，但它是一门奇妙的学问。如果说物理学研究的主题是"运动"，那么化学研究的就是"变化"。这门学科的原始形态可以追溯到远古时代。化学史就像记录人类解谜和寻宝的奇妙过程。

远古人类智慧诞生之后，最早关注的化学现象是燃烧，烧木头可以得到木炭，烧水来烹煮或直接烧烤食物改变了人类的饮食结构，烧土得到陶瓷器作为盛放饮食的容器。燃烧现象与人类活动息息相关，所以无论是中国古代的五行学说还是西方世界的四元素说，火都是其中的必备元素。

燃烧现象中发生的物质变化促使古人试图从中窥探自然隐秘的规律，于是诞生了西方的炼金术和东方的炼丹术。二者殊途同归，其最主要的两个目的就是点石成金和长生不老，这体现了人类的两大本能追求：财富和寿命。但无论是西方炼金术士追求"哲人之石"，还是中国道士炼制仙丹，最终都徒劳无功。然而，正是古人在臆想和懵懂中的胡乱尝试，给后人留下了众多误打误撞的贡献和近代自然科学的伏笔。除了发现并研究了一些金属（金、银、铜、铁、汞、锡、铅）、盐类和酸类物质，古人还开创了冶金、医药、陶瓷等行业，发明了豆腐和火药，发明了初级的蒸馏技术、金属冶炼技术，留下了现代人熟悉的化学仪器（烧杯、烧瓶、曲颈瓶、研钵、坩埚等）。

文艺复兴后，欧洲自然哲学家们借助古希腊经院哲学典籍和来自东方的技术发明，在各个领域做出大胆探索。学者们仍然使用着中世纪炼金术士们发明的烧杯和烧瓶，但是他们的自然观、实验方法和目的已大不相同。1661年，在实验科学领域贡献卓越的波义耳出版了《怀疑的化学家》，被看作近代化学诞生的标志。"我们所说的化学，绝不是医学或药学的婢女，也不是工艺和冶金的奴仆。化学本身作为自然科学中的一个独立部分，是探索宇宙奥秘的一个方面。化学，必须是为了真理而追求真理的化学。"波义耳如是说。他修正了元素的概念，与四元素说等古希腊的哲学概念不同，他给出的定义是"化学反应不能再分解的基本成分"。因时代局限，波义耳定义的元素不仅包括当时已知的单质和化合物，还有概念模糊的火和气，但化学从此开始成为一门真正的科学。

与古人相同，17世纪的早期化学家们也关注燃烧现象，试图破解其中的秘密。德国化学家施塔尔结合前人研究成果发展出"燃素说"来解释燃烧现象中的质量变化：木头燃烧后质量减少是因为失去了"燃素"，金属煅烧后质量增加是从空气中获得了"燃素"。燃素说能解释很多化学反应，获得了当时大多数化学家的认可。如今我们知道，燃素并不存在，燃烧现象本质是氧化还原反应。但燃素说表达的"物质转移"和探索者们丰富的实验结果为后人进一步解开谜团打下了基础。

17世纪的化学与物理学泾渭分明，物理学通过伽利略、牛顿等人建立的自然机械论得以急速发展，化学家们对物质的认知还很粗浅和混乱。物理学革命缔造了工业革命，工业革命则引发了化学革命。蒸汽机的发明、改良和应用导致科学家们对气体研究更加深入。18世纪后半叶，布莱克发现二氧化碳，舍勒和普利斯特里各自独立发现氧气，卡文迪许发现氢气，长久以来被视为单一物质的空气逐渐露出真容，而各种气体在化学反应中扮演的角色也一步步被揭示。

法国化学家拉瓦锡得知普利斯特里发现氧气后，对燃烧现象进行了深入的定量实验研究，建立了氧化学说，从而推翻了燃素说。他为氧气和氢气命名，发明了化学命名体系，发表了《化学基本概述》，提出了"物质不灭定律"（即质量守恒定律），被誉为"现代化学之父"。拉瓦锡的元素表含有33种元素，包括气体、金属、非金属、盐类等，但仍有光、热、以太这些非元素在列。令人惋惜的是，缔造化学革命的拉瓦锡在法国大革命中因税务承包人的身份被送上断头台，他极富开创精神的研究戛然而止。

19世纪初，欧洲各国矿业及分析技术蓬勃发展，更多种金属元素被发现，化学家手里的牌更加充裕。道尔顿复活了古希腊的原子论，用以解释化学反应中呈现的倍比定律。他创立了原子量概念，并将氢元素原子量定为标准1来测定其他元素的相对原子量。道尔顿的贡献是开创性的，可当时的认知和技术手段有限，他的原子论认为氢原子和氧原子是完全不同的两种基本原子，而他包含50种元素的元素表里相对原子量和化学式都存在很多谬误，如氧元素的相对原子量是7而不是16，水的化学分子式被认为是HO而不是H_2O。

随着伏打电池的发明，电化学诞生。以英国化学家戴维为首的各国科学家们通过电解法得到了更多的元素单质。为了解释化合物中元素之间的亲和力，电性力和化学键的概念问世。

德国物理学家基尔霍夫和化学家本生合作发明了光谱法，化学家们拥有了准确识别新元素的手段。越来越多新元素被发现，相对原子量越来越准确，化学家们开始留意到元素之间的某些规律，如一些元素具有明显的原子量等差数列关系，按照原子量排序后，每数到第八个就会发现化学性质类似的元素，就像音乐"八音律"一样神奇。

1869年，俄国人门捷列夫解开了这个谜。这位天才化学家经常在列车上、餐桌旁摆弄着写有元素名称、性质的卡片，像玩纸牌一般揣摩着当时已知的63种元素之间的神秘关系，最终揭示了元素周期律，发表了他的元素周期表。尽管原子量仍不够准确，个别原子序数与原子量顺序有矛盾，但他仍然将"族""周期"等概念确定下来，并且大胆地预测元素周期表空白处有新元素等待被发现。门捷列夫预测的类硼、类铅、类硅被后人发现并命名为钪、镓、锗。门捷列夫发现了大自然的藏宝图，人类只需按图索骥做好完形填空就能找到宝藏。但是，这张藏宝图像是被捡到的，元素周期律的底层逻辑是什么并不为人知。

门捷列夫的元素周期表

19、20世纪之交,物理学再次发生革命。X射线、放射性先后被发现,汤姆逊发现了化学反应的真正主角——电子。放射性研究打开了亚原子世界,揭示了原子结构,原子衰变、同位素和半衰期接连被发现,同样在化学领域引发革命。了解原子内部结构后,科学家们才明白更多现象的本质:化学反应的本质是原子通过夺取、交换、共享外层电子结合成分子;放射性元素由于原子核不稳定而自发衰变,放射出不同的粒子和能量,从而嬗变为另一种元素(比如钍-232经过数次 α 衰变和 β 衰变依次嬗变为镭-228、锕-228、镭-224、氡-220,最后变为稳定的铅-208);原子量不是一种元素原子的质量,而是该元素所有同位素的平均质量;元素周期表的底层逻辑被揭开,核电荷数(即质子数)取代原子量作为原子序数的依据。

放射性和镭元素的发现先是打破"原子不可分",

继而打破"元素不可变",引发化学革命,放射化学、物理化学、分析化学等细分学科应运而生。所以,镭元素的发现不仅是一种新元素诞生,在人类科学史上具有划时代的意义。玛丽获得诺贝尔化学奖实至名归,她也被世人尊称为"镭之母"。

镭的母亲

在二姐布罗尼娅和长女伊雷娜的陪同下,玛丽勇敢地站到瑞典斯德哥尔摩市政厅的诺奖领奖台上,成为历史上第一位两获诺奖的科学家。台下年方14岁的伊雷娜见证着母亲的荣耀,而她在24年后也将站上这个领奖台,延续居里一家的科学神话。

*
玛丽获得的1911年诺贝尔化学奖证书

再一次穿上黑色衣裙，玛丽将一年来的所有屈辱化作舍我其谁的勇气，语速沉稳地开始发表获奖演说。她首先感谢了已故的皮埃尔，肯定其在放射性研究初期的关键作用，以此作为对夫妻二人科学与生活的黄金岁月的纪念。接着，她对后起之秀卢瑟福不吝赞美之词，钦佩其在原子核结构、放射性性质与应用等领域做出的开创性贡献。与此同时，玛丽在简述镭元素的发现、提炼和研究过程时，大方地展示自己的价值。"我发现……我测量……我得到……"这是一种宣誓和对抗，对抗法兰西科学院的老学究们和一切诋毁、谩骂她的人。演讲最后，玛丽展望了放射学这门独立新学科的巨大研究和应用前景。放射性和镭元素在工业、商业、军事、能源等诸多领域深刻影响着个体人和人类社会的福祉，而在医疗健康领域引发的革命与发展、混乱与伤害前所未有。

不论是古代炼金术还是近现代化学，与医学总是密不可分。中国古代传说中有尝百草的神农，古希腊神话中有手持蛇杖的医神阿斯克勒庇俄斯，说明古代人最初都尝试过从植物、动物、矿物中发现和提炼治疗疾病的药物。医学的研究本体是人体，人体内各种复杂化学反应时时刻刻都在发生。古代中国、希腊、埃及、巴比伦、印度、波斯、阿拉伯都建立了自己的医药学，但因对人体和化学反应缺乏足够认知，人类医学难有实质性发展。疾病和瘟疫是人类社会在饥饿和战争以外要面临的巨大生存危机。

1543年，哥白尼的《天球运行论》问世，引领了一次物理学革命；同年出版的比利时医生维萨里的著作《人体构造论》则引发了一场医学革命。近代医学在人体解剖、新陈代谢、血液循环、人体组织的认知更新中发展起来，临床医学、预防医学诞生，细胞学、进化论、遗传学依次建立。19世纪中叶，法国人巴斯德在研究发酵的过程中发现发酵和传染病都是由微生物引起的。细菌学由此诞生，人类终于有了和传染病对抗的方法和武器，人的平均寿命大大提高。诊断法、麻醉法、防腐法和无菌法的应用，对19世纪末外科学的发展起到至关重要的作用，X射线的发现意外成为外科诊断的一大利器。随着放射性和镭元素的发现，物理学家和医学家联手发明了放射疗法，使人们谈虎色变的癌症有了克星。这一造福全人类的伟大发明也把玛丽推到了荣誉顶峰。

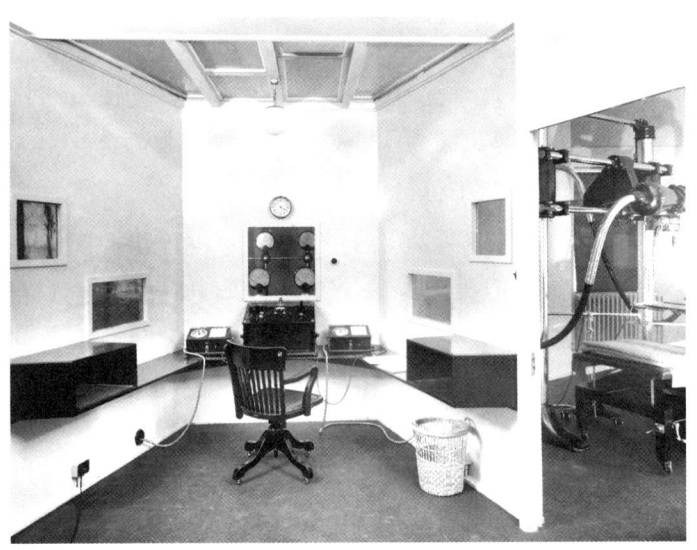

*

玛丽·居里医院X射线室内景，1934年

从斯德哥尔摩载誉而归的玛丽发现，巴黎媒体的态度发生了微妙的转变。人们口中的"波兰荡妇"已经换成了报纸头版上的"法兰西女大使"，那个被要求"滚出法国"的外国女人一夜之间又变成了法国英雄。玛丽遭遇了和爱因斯坦同样的境遇。多年后获得诺贝尔奖的爱因斯坦曾对媒体发表获奖感言："如今德国人称我为德国科学家，英国人称我为瑞士犹太人；而有朝一日我遭厌弃，以上表述就会反过来，德国人将称我为瑞士犹太人，英国人将称我为德国科学家。"持续大半年的绯闻就这样逐渐被人淡忘，而同时被淡忘的还有玛丽受到的伤害。朗之万最终没有离婚，他和玛丽继续保持着工作上的合作关系，和居里一家人也结成了终身友谊。

1911年是玛丽生命中最黑暗的一年，大惊大怒、大悲大喜、大辱大荣的洗礼让她消耗了全部的勇气和能量，1912年重归平静时，她终于病倒了。长时间的情绪压力和严重的肾脏病变将玛丽送上了手术台。手术很成功，但术后的玛丽虚弱不堪，原本消瘦的身材减重10公斤，一度感受到濒死状态，甚至给女儿们留下了遗嘱。

巴黎的春天如约而至，在疗养院里休养几个月的玛丽坚强地打败了病魔。她调整情绪、积极锻炼，为回归正常工作生活做准备。此间，她谢绝了一切媒体和社会各界的探访，除了来自祖国的同胞。1912年5月，一个波兰代表团求见玛丽，并带来了著名爱国作家显克维支的亲笔信。交谈中玛丽了解到，近几年国际局势骤变，俄国工人运动风起云涌，沙皇统治岌岌可危，已无暇管控波兰社会，祖国重获独立的希望大增，代表团此行的目的是争取欧洲各国的政治支持。显克维支在信中恳请玛丽回国发展，主持放射性研究领域的基础建设，为祖国科技实力和国际声望助力。玛丽发自内心想为祖国效力，这正是她从小树立的志向，那里有亲人和朋友，不会像法国人那样敌视自己。可当脑海中出现皮埃尔影子的那一瞬间，她停止了犹豫。自从大学毕业后，她数次被迫在波兰和法国之间做出艰难选择，但这次决定似乎异常坚定。诚然，在过去的一年中，她被第二祖国排挤、非议乃至攻击、谩骂，可皮埃尔未竟的事业还等待她去完成。镭元素是他们二人亲手孕育出的孩子，如今这个孩子如同几岁的少年，为了皮埃尔，玛丽决心把这个孩子独自抚养成人。她的全部身心都将投入法国镭研究所的筹备工作中。

尽管婉拒了祖国的邀约，玛丽还是尽自己所能给予帮助。她推荐实验室中最得力的两名波兰裔助手回国参与镭研究所的建设，并承诺随时提供技术协助。一年后，身体康复的玛丽欣然应邀赶赴华沙参加波兰镭研究所的落成典礼。刚走进研究所，玛丽瞬间心潮澎湃，这里正是二十多年前自己第一次独自操作化学实验的工农业博物馆旧址。典礼上，玛丽无比自豪地用波兰语发表演讲，鼓励波兰科学工作者为复国、强国而奋斗。在波兰妇女组织举行的欢迎晚宴上，玛丽惊喜地认出了人群中一位瘦小的老人——儿时寄宿学校的女校长。当年跟在俄国督学身后对小玛丽亚赞赏有加的校长看到如今在世界科学界创造奇迹的玛丽，激动得老泪纵横。玛丽欣慰地表示如今波兰女孩子终于可以堂堂正正说母语、大大方方学知识了，师生紧紧拥抱在一起。

带着满满的温暖和希望，玛丽返回巴黎。1913年春，她恢复了索邦大学教学和实验室工作，回归忙碌常态。7月，她带着两个女儿与爱因斯坦同往阿尔卑斯山徒步旅行。伊雷娜很奇怪，这个头发和自己一样乱蓬蓬的叔叔总是聊着关于电梯失控的话题。她当然不知道，爱因斯坦是在和玛丽探讨广义相对论的一个思想实验。10月，玛丽出席了第二届索尔维会议，与当世最聪明的人类头脑一起研讨物质结构的论题。

玛丽的事业与生活一切向好，镭研究所也破土动工。令她无比欣慰的是，为了纪念皮埃尔，法国政府将研究所坐落街道更名为皮埃尔·居里大街。玛丽化身工程监理，在工地里忙前忙后。除了建筑自身牢固性，玛丽最关心的是研究所的绿化工程。在研究所设计之初，玛丽就强调在两幢建筑物——居里楼（玛丽主持的放射性研究实验楼）和巴斯德楼（巴斯德研究所教授主持的生物医学研究实验楼）——之间留出大块空地作为花园。她还要求实验室的窗户要足够大，一来利于采光，二来一抬眼就能看到窗外花园的植物。她亲自去选树苗、花种，亲手栽下一棵棵椴树、梧桐和一丛丛蔷薇。"如果热爱自然的皮埃尔健在，一定会喜欢。"玛丽在心中默念着。

1914年夏，玛丽种下的蔷薇怒放、梧桐茁壮，镭研究所竣工在即。眼见着自己的孩子逐渐长大成人，作为镭的母亲，玛丽内心的喜悦溢于言表。她给正在布列塔尼度假的伊雷娜和艾芙写信分享自己的快乐。与对镭的感情一样，玛丽对两个女儿的未来也充满期许。

第十章

欢歌 1918

"这可是战场,夫人!"

和平生命

布列塔尼半岛地处法国西北海岸，距巴黎约400公里，是巴黎人的疗养和度假胜地。布满奇形怪状玫瑰色花岗岩的玫瑰海岸上有个阿古埃角，其中一个小渔村是索邦大学教授们的世外桃源。被称作"索邦派"的学者们喜欢和家人聚集在这里度过假期，伊雷娜和艾芙在保姆陪伴下和他们一起游泳、野餐、晒日光浴。伊雷娜通常安静坐在沙滩上看书，艾芙则是个蹦蹦跳跳、招人喜欢的小精灵，两姐妹性格截然相反。

伊雷娜（Irène）的名字源自古希腊神话中的和平女神，寓意独立、善思、和平守卫者。她不仅遗传了母亲玛丽的一头倔强的蓬发，还继承了父亲皮埃尔严谨、孤僻、不善言辞的内向性格。比姐姐小7岁的艾芙（Ève，又译伊芙、夏娃）的名字源自希伯来文的"生命"一词，代表基督教传说中最早的人类之一夏娃，寓意活力、创造力、多才多艺。艾芙确实人如其名，与居里家其他人性格都不同，从小活泼外向富有亲和力，爱打扮、善交际，甚至一度引起姐姐的嫉妒。

在姐妹俩的教育方面，玛丽传承了斯科沃多夫斯基和居里两家的优良传统：强健体格、健全人格的基础上顺其自然。姐妹俩的作息是每天早起饭后一小时为阅读时间，随后是散步和健身操环节，玛丽时间充裕的时候会带领她们学习烹饪、缝纫、园艺、游泳、登山、骑马等基本技能。她不要求女儿们通过学习各种技能而出类拔萃，只要求她们勇敢：不怕黑，不怕错，不怕动物，不怕摔跟头。姐妹俩必备的另一项基础技能是波兰语，时刻不忘另一个祖国。

在文化教育方面，姐妹俩有着得天独厚的优势。"索邦派"教授们为自己的孩子们组织了一个互助学习小组，各展所长亲自授课。化学老师佩兰、数学老师朗之万、物理老师玛丽，再加上一位位雕塑家、文学家、哲学家和语言学家，10个不同年龄段的孩子享受着诺贝尔奖级别的师资待遇。课堂有时设在某位教授家中，有时在索邦大学空闲的教室里，或在玛丽的实验室里。顶尖科学家教中小学生似乎有些大材小用，其实不然。身兼家长和老师的科学家们并不在意灌输给孩子们过硬的基础知识以超过同龄人，而是以兴趣激发好奇心，不要求正确答案而强调独立思考，教学过程直观、有趣且深刻。玛丽在实验室里，会把蘸了墨水的自行车轴承滚珠从倾斜的白板上滚下，让孩子们观察其运动轨迹来理解伽利略的运动定律。在家里，玛丽会烧一锅开水，提问孩子们如何给热水保温。孩子们说出用棉被捂上、把锅放进柜子里等五花八门的解决方案后，玛丽给出了一个极简的答案：盖上锅盖。尽管因为家长们工作繁忙，互助小组仅持续了两年，孩子们最终回归学校，但他们成年后纷纷表示在这一段独特的学习经历中受益匪浅。"索邦派"的特殊教学法普通家庭无法复制，但他们回归教育本质的理念值得所有家长和老师借鉴。体格和人格健全、基础教育启蒙以外，玛丽对两个女儿未来发展本着顺其自然的开明态度。

伊雷娜幼年在爷爷的呵护和培养下，父母科研工作的耳濡目染下，早早就表现出对数理化的兴趣，尤其在数学上极富天赋。父亲早逝的打击让小小的她立下志愿：不仅要成为父母那样的科学家，还要代替亡父成为母亲工作的好搭档。她的确做到了。伊雷娜11岁学习高等数学，14岁自学大学课程，17岁取得学士学位，21岁进入母亲的镭研究所成为得力助手。29岁时，她与毕业于理化学校、同在镭研究所做助手的让·弗雷德里克·约里奥结婚，沿着父母的足迹继续放射性研究事业。为了表示敬意，夫妻俩决定将"居里"嵌入"约里奥"姓氏里作为联合姓氏，成就了第二代居里夫妇的传承。弗雷德里克一度被学界质疑"攀龙附凤"，伊雷娜与母亲一样被法兰西科学院拒之门外，联合姓氏的举动也曾饱受非议，但约里奥-居里夫妇用实际行动击碎了流言。尽管先后与发现中子和正电子失之交臂，但在1934年，约里奥-居里夫妇发现了人工放射性，并于次年斩获居里家族的第三次诺贝尔奖。让人欣慰的是，他们做出伟大发现时，玛丽就在实验室的仪器旁，亲耳听到用来测量放射强度的盖革计数器发出了"咔嗒"声。

妹妹艾芙则走出了截然不同的人生之路。她从小就对自然科学无甚兴趣，而是喜欢音乐和文学。起初她的梦想是当个记者，深受媒体骚扰之苦的玛丽却并无阻拦。后来她又想做个音乐家，玛丽给她买钢琴、请老师。与居里家风显得格格不入的艾芙也曾在叛逆期化浓妆、脚踩高跟鞋、身着露背裙，惹得一贯保守简朴的母亲和姐姐皱眉头，但玛丽仍然尊重小女儿的爱美之心。艾芙没能在居里

*

工作中的伊雷娜和玛丽，1925 年

家族的光环下继承父母的衣钵，但她在自己感兴趣的领域小有成就，成了一位优秀的钢琴演奏家、乐评人、记者和撰稿人，并为母亲写了一本广为流传的传记。

在玛丽爱而不宠、严而不苟、因材施教、顺其自然的教育理念下，理科生伊雷娜和文科生艾芙不仅在各自热爱的领域有所建树，也在居里家族传统的人文关怀方面留下感人事迹。伊雷娜在第一次世界大战中利用所学救死扶伤，协助弗雷德里克在第二次世界大战中为保护法国珍贵的核物理材料重水与纳粹周旋；艾芙作为战地记者奔走在第二次世界大战的战场上，战后活跃在世界各地从事援助困难儿童等公益事业。姐妹俩完美诠释了名字中"和平与生命"的寓意。

1914年7月30日，两个女儿还在各自梦想之路上探索时，玛丽的另一个"孩子"成材了——镭研究所终于建成。皮埃尔·居里大街镭研究所居里楼前，玛丽主持落成典礼并发表演讲。她在演讲中引用了巴斯德关于实验室的寄语：

> 如果科技征服自然而造福人类能触动你心；如果你惊叹于电报、银版照相法、麻醉术等众多伟大发明；如果你心生艳羡，希望自己的国家在这些奇迹的进一步发展中占据一席之地——我敦促你关注那些被赋予实验室这一美称的圣殿。我恳请为它们添砖加瓦、锦上添花，因为它们是未来、财富和幸福的殿堂。正是在那里，人类成长、壮大、完善自己。在那里，人类学会了阅读大自然的作品，追求进步和普世和谐的杰作，而人类自己的作品往往是野蛮、狂热和毁灭性的。

*

巴黎镭研究所

然而,天有不测风云,玛丽引用的话一语成谶。就在镭研究所马上投入使用,玛丽雄心勃勃开展研究工作之际,人类再次制造出毁灭性的作品——第一次世界大战。

战场母女

1914 年 6 月 28 日萨拉热窝事件爆发,7 月 28 日奥匈帝国向塞尔维亚宣战,8 月 3 日德国向法国宣战,8 月 4 日德国向比利时宣战,英国、法国、俄国随之响应,分别对同盟国宣战,第一次世界大战在欧洲列强的叫嚣声中拉开序幕。法国启动全民战争总动员，镭研究所中除了一位患病的工作人员，男人都入伍上了前线，女人都加入护理和后勤岗位。佩兰、朗之万等男性科学家纷纷穿上军服、保家卫国。德军闪电般碾压比利时后扑向巴黎，9月2日进抵巴黎城外几十公里处。巴黎城危在旦夕，法国人似乎要重蹈普法战争的覆辙。政府紧急转移波尔多，巴黎民众纷纷逃离。

在火车站慌乱嘈杂的人群中，玛丽也提着个沉重的箱子艰难前行。不过，她的箱子里并不是珠宝细软，而是20公斤铅块包裹的1克溴化镭，那可是全法国唯一的1克镭。挤上波尔多车站的月台，玛丽犯难了，天色已晚，她既没法安置自己也无处存放那1克宝贝，而且已经没有力气拖动那个沉重的箱子。幸运的是，一位路过的公务员认出了玛丽，帮她搬运箱子、安排住处。次日，她将镭存放在波尔多银行的保险柜里，匆匆返回巴黎。

回程的火车上，玛丽格外引人瞩目。这位逆行者与奔赴前线的法军士兵们挤在车厢里，因长时间没有进食而虚弱不堪。一名士兵分享给她一块三明治，支撑着玛丽回到巴黎。回家后，她第一时间赶到"国家救援会总部"请求一份为前线服务的工作。很巧合，救援会主席正是索邦大学理学院院长阿佩尔。看着眼前这位一脸苍白、双眼冒火的中年女人，当初企图将她逐出索邦大学甚至让她"滚出法国"的阿佩尔羞惭不已。"夫人，您还是先回家休养吧。"阿佩尔拒绝了玛丽的请求，一半惭愧，一半敬佩。

回到家的玛丽也没有闲着,她先写信给伊雷娜,叮嘱女儿照顾好自己和妹妹,同时要保护好只会说波兰语的保姆,避免被不明真相的法国邻居当作德国奸细。她独自坚守镭研究所,并对担心安危的友人称:"有我在,德军不敢闯进来。"随后,玛丽开始自学解剖和护理知识,希望能参与伤病员护理工作。在与一位医生朋友交谈中,玛丽了解到当时由于战争骤然爆发,法军医疗人员和设备严重不足,尤其是为伤兵检查伤情的X射线检测设备紧缺,前线医院能正常使用的只有一两套。玛丽火速联络索邦大学、巴斯德研究院、各家医院及法国战争部等机构,协调筹备巴黎及附近城市所有的X射线设备运往前线医院。

玛丽的努力仍显杯水车薪,这次战争规模和伤害超乎想象。德军志得意满,计划6个星期占领法国全境,所以并没有选择进攻巴黎城,而是扑向巴黎西南方向的法军主力,寻求决战。9月5～12日,英、法、比三国军队在马恩河一带与德军主力拼死一搏,双方共投入150万人,巴黎市民更是动用上千辆出租车运送士兵上前线。残酷绞杀后,双方被拖入旷日持久的堑壕战。第一次世界大战既是士兵的修罗场,又是各种新武器的试验场,机关枪、远程火炮、火焰喷射器、坦克、飞艇乃至极不人道的毒气弹纷纷登场。马恩河战役造成了各方均有二十多万人伤亡,其惨烈程度前所未有。

大量的伤亡造成了严重的医疗资源缺口,玛丽意识到必须利用自己所学为第二祖国做些切实贡献。她设计了轻便的X射线机,并将法国雷诺越野车改装为移动的

X射线检测车，以适应战场实地需要。玛丽的方案获得战争部的认可，她随即筹备了数辆汽车，将前门拆掉，配备小型发电机和X射线机，为奔赴前线做准备。

10月，双方陷入鏖战，巴黎暂时解除危险，玛丽接回两个女儿。伊雷娜在此前与母亲的通信中已经表示，自己年满17岁了，可以陪母亲上战场。所以她到家第一件事就是报名参加解剖和护理技能培训，随时准备随母出发。女儿长大了，终于可以代替父亲作为母亲的好搭档和战友，玛丽十分欣慰。她郑重地和伊雷娜商议，打算用第二次诺奖奖金购买法国战争债券，女儿欣然赞同。要知道，当时的法国人没人知道这场大战的结果，债券很可能在战后变成废纸。不仅如此，玛丽还将诺贝尔金质奖章捐给国家，被工作人员婉言谢绝。

1914年11月1日，玛丽穿着厚呢大衣、佩戴红十字臂章，带领伊雷娜登上了涂装灰漆和红十字的移动X射线车，赶赴战场。车辆在前线一个哨所被拦下，哨兵看着副驾上的玛丽和后面的伊雷娜警告道："这可是战场，夫人！""是吗？"玛丽微笑着答道，"说明我们没走错路。"

抵达前线医院，玛丽母女迅速开始一系列操作：搬下发电机，连接车辆发动机，安装好X射线机，挂上厚布帘，支好小桌，穿戴好厚布手套和防护围裙。伤兵迅速在简易的X射线检查站外排起了队，军医在玛丽母女的检测后，比对着X射线片子施行手术。伤情紧迫之时，军医甚至在伤兵做X射线检测同时为其取出弹片。X射线检测在探伤方面极具效率，玛丽的移动检测站为伤病员赢得了生的希望。转过年来,玛丽的移动检测车队已经发展到20辆,战争期间总计建设了200个战地X射线检测站,完成了上百万次X射线检测,挽救了成千上万名士兵的生命。那辆标有红十字的灰色检测车一出现,医生和士兵都大为振奋,他们亲切地称之为"小居里"。

*
玛丽驾驶"小居里"

战场无疑是危险的,可玛丽却能从容面对,幼年的她就见识过鲜血和死亡。1915年4月的一天,玛丽乘坐的"小居里"意外翻到路旁的沟里,由于车门被拆掉,她瞬间被甩出车外。清醒过来后,她第一反应不是查看自己有没有受伤,而是扑到散落一地的设备上,查看最脆弱的X射线感光板有无损坏。年轻的司机可吓坏了，他爬出车远远看到玛丽扑倒在一堆仪器里，带着哭腔喊着："夫人——夫人——您还活着吗？"玛丽哭笑不得。多处受伤的她并没有声张，直到伊雷娜几天后在家中盥洗室发现带血的绷带才知道母亲受伤了。人手不够的时候，玛丽就自学驾驶和修理技术，独自开着"小居里"奔波在各个战地医院之间。让她足以欣慰的是，大女儿在做助手不久后，也成了独当一面的"战场女侠"。

梦想成真

战火暂熄之时，玛丽母女通常会抓紧时间在镭研究所里培训X射线技师。战争期间，她们共培训出150名女性X射线技师，不仅为医疗前线注入新鲜血液，也为这些女性未来的职业发展打下基础。第一次世界大战给全人类造成了巨大的破坏和心理创伤，但也因为各参战国伤亡惨重给女性提供了更多的就业机会。技术员、邮递员、厨师、理发师、铁路员工这些此前被男性垄断的工作岗位出现了女性的身影，社会逐渐认可女性有平等的工作权利和能力，战后女性地位获得极大提升。

1918年8月，德军在第二次马恩河战役中惨败，协约国开始反攻。这年秋天，各方军事力量拼杀得筋疲力尽，同盟国称霸欧洲乃至世界的野心化为泡影，欧洲列强们已经偃旗息鼓、准备收拾残局。

巴黎的生活秩序开始恢复，艾芙返回学校继续中学课程，伊雷娜进入索邦大学攻读博士学位，玛丽则在居里楼下的花园里栽种着从战场上寻到的花种。她的脸上溢满了多年不见的笑容，那是对未来和平生活和镭研究所事业的美好期许，也是对祖国重获自由的欣喜。哥哥约瑟夫来信称波兰独立已指日可待："我们这些生于枷锁中、活在奴役下的波兰人，终将梦想成真。"

1918年11月11日11时，玛丽在镭研究所内听到了隆隆炮声。所有巴黎人都听得出来，那不是来自敌军的火炮，而是庆祝战争胜利的礼炮。民众都在窗口挂上法国三色旗，走上街头欢庆和平的到来。玛丽和同事们去买国旗的时候发现早已售罄，只得买来蓝白红三色布料，自己缝制国旗，挂在镭研究所的窗口。44岁的玛丽像个小女孩一样雀跃，登上一辆"小居里"的驾驶室，载着女儿和同事们冲上街头，驶向协和广场。她眼含热泪、高声唱着："只要我们一息尚存，波兰就没有灭亡……"

后记　玛丽的遗产

居里夫妇被认为是史上最著名的科学夫妇,居里一家则是科学史上的第一家庭。家族成员共计五人六次登上诺贝尔奖的领奖台:皮埃尔、玛丽于1903年获物理学奖,玛丽于1911年获化学奖,伊雷娜和弗雷德里克于1935年获物理学奖,亨利·拉博伊斯(艾芙的丈夫)于1965年代表联合国儿童基金会获和平奖。居里家族第三代成员埃莱娜·朗之万-约里奥(伊雷娜之女,保罗·朗之万之孙媳)主持法国核物理实验室和核反应堆工作,延续着家族的科研脚步。难能可贵的是,除了科学事业上的伟大贡献,居里一家人在和平事业、教育事业、女性权利和人文关怀领域都作出了卓越贡献,无愧于科学家应有的社会责任感和良知。

科学无国界,居里家族活跃于法国,却与大洋彼岸的中国结下不解之缘。玛丽带过的两名中国博士生郑大章和施士元，约里奥-居里夫妇带过的两名中国博士生钱三强和杨承宗，作为骨干力量共同开创了中国的核物理事业。艾芙作为战地记者于抗战期间访问重庆，将战地实情和中国人民抗战的决心展现给欧美世界。

居里家族对人类自然科学演进和人类社会发展做出了非凡贡献，而玛丽个人留给世人最宝贵的遗产是信仰和勇气。好奇心是天生的，信仰是后天习得、持续夯实的；恐惧是天生的，勇气则是挫折和历练后被激发出来的。回顾她的一生，从倔强的波兰少女玛丽亚到留学巴黎的女学生玛丽，再到万人敬仰的居里夫人，面对压迫她疾之如仇，面对困苦她甘之如饴，面对名利她视之等闲，面对非议她处之泰然，她的人生炽热滚烫。她对科学的信仰始终如一，像放射性现象一样持续发光发热；她对磨难和挫折展现出的无上勇气也像核能量一样汹涌澎湃。如同放射性是原子的内禀属性一般，勇气也是人的内禀属性，普通人做不到震惊世人的伟大发现，但可以从玛丽身上学到如何战胜恐惧、激发勇气，直面人生中的种种困苦，不虚度一生。

1934年5月，玛丽因发烧入院，医生诊断为再生障碍性贫血。7月3日，她神情恍惚、言语不清，进入弥留状态。她不希望女儿女婿们陪在身边，并阻止了医生为她注射药剂："不必了，我只想安静。"次日，她的心脏停止跳动。7月6日，哥哥约瑟夫和姐姐布罗尼娅赶来参加了妹妹简单的葬礼。她的棺木与皮埃尔合葬于索镇居里家族墓地，上面撒着来自祖国波兰的泥土。1995年，法国政府为了纪念居里夫妇，将二人棺木迁入先贤祠。

玛丽离开这个世界时异常平静，就如艾芙为母亲所作传记中的描述："艰苦、漫长而辉煌的生涯并没有使她更伟大或更渺小，也没有神化或贬低她，临终那天她依然温柔、固执、羞怯，对万事万物充满好奇，与懵懂年少时一般无二。"

图书在版编目（CIP）数据

居里夫人：杰出人物的青少年时代 / 张燕波编著.
北京：中国青年出版社, 2024. 8. -- ISBN 978-7-5153-7367-6
I. K835.656.13
中国国家版本馆 CIP 数据核字第 2024L3Z508 号

书　名：居里夫人
作　者：张燕波
总策划：皮钧　陈章乐
责任编辑：彭岩
出版发行：中国青年出版社
社　址：北京市东城区东四十二条 21 号
网　址：www.cyp.com.cn
编辑中心：010-57350407
营销中心：010-57350370
经　销：新华书店
印　刷：北京科信印刷有限公司
规　格：880×1230　1/32
印　张：7
字　数：140 千字
版　次：2024 年 8 月北京第 1 版
印　次：2024 年 8 月北京第 1 次印刷
定　价：48.00 元

如有印装质量问题，请凭购书发票与质检部联系调换
联系电话：010-57350337